一流シェフのお料理レッスン

「分とく山」
野崎洋光のおいしい理由。

# 和食のきほん、完全レシピ

世界文化社

# 料理の「なぜ？」を
# やさしく説き明かしました。
# それが分かれば、
# 料理は簡単で楽しくなりますよ。

　私が料理教室でいつも言うのが「ご家庭で料理を作ってください、楽しいですから」ということ。今の時代、キッチンにはガスコンロや電子レンジ、湯沸し器など火口がたくさんあります。スーパーに行くとあらゆる食材が手に入るし、鮮度の悪い素材はほとんど売っていない。料理を作りやすい環境が整っています。キッチンは遊び場なんです。気分によって好きな料理を作って、盛りつけも自分なりにひと工夫、さらにご家族にも「おいしいね」と喜ばれる。これ以上の楽しみはありませんね。

　そして皆さんに覚えておいてほしいこと。家庭料理には料理屋では出せないおいしさがあるということです。仕込んでおかなくてもいいので、皮をむく、切り分ける、そして火を入れる。一から料理すると、素材の持ついい風合いが出せるんです。この作りたてのおいしさは、家庭料理ならではのよさと言えるでしょう。

　でも難しいことはありません。私の料理は特別な調味料は使いませんし、種類も多くない。火を入れる時間も短いから、あっという間にでき上がります。料理初心者はもちろん、小学生のお子さんだって、おいしく作れます。でもそのときに、ちょっとだけ“どうしてこうするの？”と理屈を考えてみてください。手数が少ないからこそ、一つ一つの工程には意味があります。味つけにも法則がありますから、割合さえ覚えれば必ず味が決まります。この本は、そんな料理の“なぜ？”をていねいにお伝えすることで、皆さんが失敗なくおいしく作れるように、と願って作りました。活用して、日々の食卓を豊かに、楽しくしてください。それが皆様の健康にもつながるんですから。

分とく山
野﨑洋光

# 目次



第1章

## 焼きものと揚げもの

第2章

## 煮もの

第3章

# 小鉢と副菜

第4章

# ご飯と汁

野崎料理長の
基本
レッスン

# はじめに、覚えておきたいこと

日本人にとって「和食」は基本の食事。毎日食べる料理ですから、皆さんにはもっと和食のことを知って日々の暮らしに生かしてほしい。そのためにまず大切なことを、この基本レッスンにまとめました。難しくありません。とても簡単なことばかりです。料理を作って、楽しんで、おいしく食べてください。それが健康につながります。

**炊きたて、ツヤツヤの白いご飯**（➡p.8）**と、**
**味噌の風味を生かした、だし汁を使わない大根と油揚げの味噌汁**（作り方は➡p.13）

# 1 和食は ご飯と汁が原点です。

献立の基本は一汁三菜と言われますが、まずはつややかなご飯と、しみじみとおいしい汁さえあれば、胃も心も満たされる豊かな食事になります。私は、和食の原点であるご飯と汁がきちんと作れるようになることが、一番大事だと思っています。

ご飯の基本は、炊いただけの白いご飯。味のついてない米そのもののおいしさゆえに、しっかり味のついたおかずが進みます。一方、味のついたおすしや炊き込みご飯は、それだけで完成された味がついているので、基本的にはおかずと合いません。

献立を組むときも、**白いご飯には旨み豊かな味噌汁**を合わせ、おすしや炊き込みご飯のように**味のついたご飯には、だしの旨みですっきりといただく吸いもの**を組み合わせます。口の中での味のバランスがとれるからこそ、おいしいんです。

具もおいしく食べられる炊き込みご飯（➡p.14）と、
だしのおいしさを生かしたはんぺんの吸いもの（➡p.13）。

# 2 ご飯が炊けるしくみ、知っていますか？

お米が1粒1粒立って、ツヤツヤに光った白いご飯。日本人にとって、おいしく炊けたご飯は何よりのごちそうですね。ここではそんなご飯を炊く極意をご紹介します。

まず、**お米は“乾物”である**ことを頭に入れてください。乾物ですから加熱前に水を含ませてもどす必要があります。たっぷりの水に15分浸け、ざるに上げて15分おく。この作業を行うだけで、おいしさが違います。浸水させたお米を炊飯器で炊くときは必ず早炊きモードで。普通モードは浸水時間をとるので、水っぽくなります。

土鍋で炊くとき、**加熱時間を「7・7・7・5・5」と覚えておきましょう**。熱伝導が遅い土鍋は中火にかけて沸くまで7分。それから沸いた状態で7分、弱火にして7分、さらにごく弱火にして5分、火を止めて蒸らしが5分。お米はどんな炊き方でも98℃以上で20分加熱しないとご飯になりません。お米のでんぷんが柔らかくなって甘みが出た状態に、ならないのです。

そして気をつけたいのが、炊き上がった後。ほぐしてぬれ布巾をかけて、蓋を半開きにしておきます。土鍋の蓋をしたままにしたり、**炊飯器の保温モードにしておかないでください**。加熱がずっと続くことになって、味が落ちます。残ったご飯はぬれ布巾をかぶせて早めに冷まし、食べるときに電子レンジで温めたほうがいいでしょう。

**材料（作りやすい分量）**

**米** …… **2合**（360㎖）

**水** …… **360㎖**

**1 米を洗う。**

ボウルに米を入れ、水を入れてかき混ぜる。水を替えてはかき混ぜることを、4～5回くり返す。

手の腹でぎゅっぎゅっと力を入れて研ぐ必要はありません。表面が割れてきます。やさしく混ぜるぐらいで大丈夫です。

**2 浸水させる。**

水に15分浸け、ざるに上げて15分おく。

水に長く浸けると炊いたときに米がくずれやすくなります。ざるに上げている間にも米が水を吸うので浸水時間は充分。ラップをかけて冷蔵庫に入れておけば、半日以上いい状態を保てます。

**3 土鍋に入れ、火にかける。**

土鍋に**2**と分量の水を加え、蓋をして強めの中火にかける。ほぼ7分で沸く。

普通の鍋で炊くときは温まるのが早いので、弱めの中火でゆっくり沸かしましょう。浸水させたお米なら、水の量は生のお米と同容量です。

**4 アルミ箔をかませて7分炊く。**

沸いてきたら蓋にアルミ箔をかませて、吹きこぼれを防ぐ。蓋をずらしてもよい。沸いた状態で7分加熱する。

**5 米肌が見えるかどうか確認。**

ときどき蓋を開けて、状態を見る。

米肌が見えるまでは、蓋を開けても大丈夫。液体があれば、熱が伝わります。

**6 弱火で7分、ごく弱火で5分。**

米が水分を吸って、米肌が見えたら、蓋をきちんとして弱火にして7分、さらに弱火にして温度が下がらないようにキープしながら、5分加熱する。

**7 火を止めて5分蒸らし、ほぐす。**

火を止めて、そのまま5分蒸らす。しゃもじでまわりや底からお米をほぐすようにして混ぜ、余分な水分を飛ばす。

火を止めると、ご飯から立ち上る蒸気が蓋に当たって全体にシャワーのように降り注ぎ、ふっくらおいしくなります。

## Chef's voice

残ったときやすぐに食べないときは、ぬれ布巾をかけて半分ほど蓋を開けておくと、冷めてもツヤツヤのいい状態で保存できます。蓋をぴっちり閉めたままだとベチャッとなります。炊飯器で炊いたときも、保温モードにしておくと加熱し続けることになり、ご飯がおいしくなくなります。

# 3 だしについて考えましょう。

かつお節と昆布でとった、香り高く旨み豊かなだし汁。とてもおいしいですね。**私はだし汁をとるときに、火にかけません**。お湯にそのまま入れておくだけ。かつお節や昆布の旨みが一番上品に出るのは、80℃ぐらい。この温度ならえぐみが出ないし、ふわっと香り柔らかいだしの風合いが残ります。**ぐずぐず煮出すと、そのいい風合いがなくなってしまう**。お湯に浸けるだけですから、誰でも同じように失敗なくとることができます。だし汁はまとめてとっておいても大丈夫です。私のとり方なら香りも味も逃げないので、温め直すと風合いがよみがえります。このときに沸騰させても、苦みは出ません。

煮干しは一般には雑味があると思われがちですが、水出しにするとすまし汁になるぐらいの上品なだしがとれます。

でもおいしいだし汁が、ときに素材の味を損なうことも、皆さんには知ってほしい。旨みをどんどんプラスしていって、素材の味を超えてしまうと、今度はえぐみが引き立ってしまい、かえって旨みが感じられなくなります。そして何より、食べ飽きる。厚化粧のようなものです。

分かりやすい例が、煮ものなどで削り節を足して煮る“追いがつお”。この本では、里いもの含め煮（➡p.76）でご紹介していますが、これは短時間煮るからこそ、の手法。長く煮込む料理には追いがつおはしません。かつおのだしが煮詰まって、必要以上に濃くなるからです。

ここでは“だし汁の三段活用”として、一番だしと二番だしのとり方、そしてだし素材を無駄にしないよう、三回目に食べきる方法をご紹介します。

# 基本のだし汁

**材料（作りやすい分量）**

**昆布** …… 5㎝角1枚

**削り節** …… 10g

だし汁用の昆布は、旨みのよく出るいいものを使ってください。一見高価に思えても少量使うだけでいいですし、最後は食べてもおいしいから、かえって安くつきます。ご自分で確認して選んでください。

## 一番だし

☞ 吸いものや多くの料理に使う

ボウルに沸騰した湯1ℓ（ポットの湯でもいい）を入れ、昆布と削り節を加える。そのまま1分おき、こす。

熱湯は100℃ですが、冷たいボウルに入れることで、だしをとるのに最適な80℃前後になります。

## 二番だし

☞ 味噌汁や煮ものに使う

一番だしをとったあとの昆布と削り節をボウルに戻し、湯500mℓを注いでそのまま5分以上おき、こす。

このときは温かいボウルのまま熱湯を注いでかまいません。

## 三回目には

☞ 食べる

二番だしをとったあとの昆布と削り節を、適当な大きさに切ってポン酢しょうゆにひたす。これをゆでた青菜などと和えれば、簡単に副菜の1品に。

# 煮干しのだし汁

**材料（作りやすい分量）**

**煮干し**（頭とわたを取ったもの）

…… 20g

煮干しを選ぶときは“謙虚な煮干し”がおすすめ。これは頭を下げたような姿の煮干し、という意味です。ふんぞり返った姿のものは、作る過程で腹が破裂しています。煮干しはそのまま使ってもかまいませんが、頭とはらわたを取ったほうが上品なだしがとれ、表面積も広がって旨みが出やすくなります。

## 一番だし

☞ 吸いものやつゆに使う

ボウルに水1ℓと煮干しを入れ、3時間以上おき、こす。

煮出さないことで、上品な旨みだけを取り出すことができます。

## 二番だし

☞ 味噌汁に使う

一番だしをとった後の煮干しを鍋に入れ、水1ℓ、昆布10gを加えて水から火にかけ、沸騰したらこす。

沸騰した後、ずっと煮出さないように。えぐみが出ます。

## 三回目には

☞ 食べる

長ねぎ1本分は斜め切りに、生しいたけ2個は薄切りにする。鍋にごま油適量を入れて火にかけ、二番だしをとった後の煮干しを炒る。長ねぎ、生しいたけを加えて油をなじませ、薄口しょうゆ5mℓ、酒5mℓを入れて炒り上げる。

# 4 味噌汁にだし汁は必要ですか？

味噌汁は必ずだし汁を使う、と思っていませんか？　使う味噌と具によっては、水のほうがよいこともあります。**そもそも、味噌自体が“だし”**。大豆を発酵、熟成させる過程で旨みが増すからです。余談ですが、同じように、しょうゆだってだしになります。

では、だし汁と水はどう使い分ければいいでしょう。塩分の少ない白味噌は甘くて量もたっぷり使うので、それだけで充分おいしい。だし汁は必要ありません。でも塩分が多い八丁味噌は塩辛いから少量しか使わない。それだけでは**旨みが足りないから、だし汁を使います**。一般的な田舎味噌は、具が少ないときはだし汁を使って、具沢山なら水でいい。旨みが強すぎるとえぐくなるので、だし汁を使うときには追いがつおをしないでください。渋くなります。

味噌汁と並ぶ汁ものの代表として、吸いものがあります。これはだしのおいしさが主役ですから、きちんととった一番だしが必要です。色と香りを生かしたいので、薄口しょうゆを使います。だし汁と薄口しょうゆ、酒を25：1：0.5で合わせれば、それだけで味が決まります。

## 味噌３種

### 白味噌

塩分濃度が低く、熟成期間も短い。麹の糖分で甘みがある。

### 田舎味噌

一般的な味噌。適度な塩分濃度と甘みがある。

### 八丁味噌

塩分濃度が高く、熟成期間も長い。塩辛くすっきりした味わい。

## だし汁を使う味噌汁

### 豆腐の味噌汁

➡ **具を少ししか入れないので、だし汁で旨みを補強**

**材料（2人分）**

- 二番だし（➡p.11）…… 300mℓ
- 田舎味噌 …… 20g
- 豆腐（角切り）…… 50g
- 三つ葉（ざく切り）…… 3本分

**作り方**

鍋に二番だしを入れ、豆腐を入れて火にかける。温まったら田舎味噌を溶き混ぜ、三つ葉を加えてさっと温める。旨みが足りなければ、3㎝角の昆布を加えてもよい。

### 里いもの味噌汁

➡ **塩辛い八丁味噌は少量しか使わないので、だし汁で旨みを補強**

**材料（2人分）**

- 二番だし（➡p.11）…… 300mℓ
- 八丁味噌 …… 20g
- 里いも …… 大1個（60g）
- わけぎ（斜め切り）…… 10g

**作り方**

里いもは皮をこそげてむき（➡p.79）、乱切りにする。鍋に一番だしと里いもを入れて火にかけ、弱めの中火にして里いもが柔らかくなるまで煮る。八丁味噌を溶き混ぜ、わけぎを加えてさっと火を通す。

## だし汁を使わない味噌汁

### 大根と油揚げの味噌汁

➡ **大根や油揚げ、わかめなどから旨みが充分に出るので、水がいい**

**材料（2人分）**

**水** …… 300㎖

**田舎味噌** …… 20g

**大根**（拍子木切り） …… 60g

**わかめ**（もどしてざく切りにしたもの） …… 20g

**油揚げ**（熱湯をかけて油抜きし、短冊切りにしたもの） …… 15g

**長ねぎ**（小口切り） …… 5g

**作り方**

鍋に水と大根を入れて火にかけ、沸騰したら弱めの中火にして大根が柔らかくなるまで煮る。田舎味噌を溶き混ぜる。わかめを加えて味をととのえ、油揚げを入れてさっと火を通す。椀に盛り、長ねぎを散らす。

### 豆腐の白味噌仕立て

➡ **甘い白味噌はたくさん使うので旨み充分、水がいい**

**材料（2人分）**

**水** …… 300㎖

**西京白味噌** …… 60g

**豆腐** …… 70g

**青菜**（ゆでたもの） …… 2本

**溶きがらし** …… 適量

**作り方**

豆腐を半分に切る。水に西京白味噌を溶き溶ぜて鍋に入れる。豆腐も入れ、弱めの中火にかけてゆっくり火を入れ、ひと煮立ちさせる。椀に盛り、青菜を添え、溶きがらしをのせる。

## 吸いものには、一番だしが必要

### はんぺんの吸いもの

➡ **だし汁が主役だから一番だしを使う**

**材料（2人分）**

**一番だし**（➡p.11） …… 300㎖

**薄口しょうゆ** …… 12㎖

**酒** …… 6㎖

**はんぺん**（4cm角） …… 2切れ

**三つ葉** …… 適量

**青柚子の皮** …… 2切れ

**作り方**

鍋に一番だし、薄口しょうゆ、酒を入れて火にかけ、沸いたらはんぺんを入れて温める。椀に盛り、軽くゆでて結んだ三つ葉と青柚子の皮をのせる。

# 5

# 火を入れすぎるから不味《まず》くなる。

私の考え方が集約されている料理が、炊き込みご飯です。

まず、**濃すぎる旨みは飽きる**ということ。皆さん、炊き込みご飯の炊き地にだし汁を使っていませんか？　白いご飯をおいしく炊きたいときに、だし汁は使いませんね。だから、**炊き込みご飯も水で充分**。だし汁を使うとお米の旨みが相殺されます。

そして炊き込む具には、火を入れすぎない。どんな具も同じように最初から一緒に炊くから、おいしくなくなるんです。**炊き込みご飯の場合、具によって加えるタイミングは3回**。堅くて火が入るのに時間がかかる具は最初から、ある程度火を入れたい具は途中で、ほんの少し蒸らすだけで充分な具は炊き上がりに加える。これだけで、具は驚くほどおいしくいただけます。“加熱しすぎない”という考えは、私が今の時代にお伝えしたいメソッド。鶏の照り焼きがジューシーに、煮魚がしっとりと仕上がります。

ここでは、具を入れる3つのタイミングをすべて生かした、「豚肉とさつまいもの炊き込みご飯」をご紹介しましょう。さつまいもは甘み豊か、豚肉はジューシーで柔らかい。ご飯だけでなく具もおいしい炊き込みご飯になります。

**材料（作りやすい分量）**

米 …… 2合（360mℓ）

◇ 炊き地　10：1：1

- 水 …… 300mℓ →10
- 薄口しょうゆ …… 30mℓ →1
- 酒 …… 30mℓ →1

豚ばら薄切り肉 …… 100g

さつまいも（一口大に切って水にさらす）
…… 80g

わけぎ（小口切りにして洗い、水気を拭く）
…… 1本分

黒粒こしょう …… 適量

### 1 米を洗って浸水させる。

米はやさしく洗い、水を替える。これを4～5回くり返し、たっぷりの水（分量外）に15分浸け、ざるに上げて15分おく。

### 2 豚ばら肉を霜降りにする。

鍋に湯を沸かす。豚ばら薄切り肉は3cm幅に切り、ざるに入れて湯に浸け、菜箸でほぐし、うっすら白くなったら引き上げる。水に取って水気をきる。

たんぱく質に火が入ってうっすら白くなった様子から、"霜降り"と言います。

### 3 土鍋に材料を入れる。

土鍋に米、炊き地の材料、さつまいもを入れてさっと混ぜる。

さつまいもは堅くて火が通りにくいので、最初から炊き込みます。

### 4 7分加熱する。

蓋をし、強めの中火にかける。沸いたら火を弱めて沸き立つ状態で7分ほど炊く。吹きこぼれないよう、蓋にアルミ箔をかませる。

米は浸水してあるので、炊飯器で炊く場合は、早炊きモードに。普通モードにすると水っぽい炊き上がりになります。

### 5 米肌が見えたら豚肉を加える。

米肌が見えたら2の豚肉をさつまいもの上に広げてのせる。

米肌が見えるまでは、蓋を何度開けても失敗することはありません。お米の状態をよく見てください。

### 6 弱火で7分、ごく弱火で5分。

蓋をしっかりして弱火にして7分、さらにごく弱火にして5分炊く。

### 7 わけぎをのせて蒸らす。

火を止めて蓋を開け、素早くわけぎをのせて蓋をし、5分蒸らす。

生でも食べられて、蒸らすだけでよいわけぎは、このタイミングで加えて香りを立たせます。

### 8 全体を混ぜ合わせる。

蓋を開け、しゃもじで天地を返すようにして全体を混ぜる。

### 9 茶碗に盛る。

茶碗に盛り、お好みで黒こしょうをひいてかける。

# 6 野崎流、失敗しない味つけのしくみ

## 塩で“味の道”を作る

私は、おいしい味作りにいちばん大切なのは、“味の道”を作ることだと思っています。**“味の道”とは、素材と味つけの調味料をつなぐための橋渡し役**。和えものや酢のものの“味の道”は、あらかじめ素材に下味をつけて作ります。素材と下味、下味と味つけの調味料（和えごろもや合わせ酢など）が手をつなぐので味がまとまり、口の中で一体化します。魚の煮ものなら、魚に塩をして20分ほどおきます。この場合は下味がつくとともに、塩の結晶が魚に浸透するときにごく小さな穴が空きます。その結果、**煮汁と魚の中が簡単に行き来できて早く火が通り、煮汁に適度に魚の旨みが出る**。だから煮すぎなくてすむし、水で煮ても煮汁がおいしいだしになる、というわけです。

## “霜降り”をする

煮ものをするときに行ってほしいのが、素材を湯にくぐらせる作業。魚や肉などのたんぱく質は、うっすら白くなる“霜降り”といわれる状態まで湯に通して、汚れやあくを落とします。**人間がお風呂に入るように、素材もお風呂できれいにしてあげると、煮ものがすっきり洗練された味になるのです**。煮魚のようにあらかじめ塩をしたときは、余分な塩分も落とすことができます。ねぎや根菜、きのこも湯にくぐらせることで、クセが取れて素材の味が際立ちます。野菜と魚や肉をどちらも湯にくぐらせるときは、1つの鍋でまず野菜、次に魚や肉の順に行えば、湯が2回使えて無駄がありませんよ。

## 料理はデジタル、調味料の割合で味つけが簡単！　いつでも決まる！

この本のレシピでは、私が料理の味つけを考えるときと同じように、できる限り調味料の割合を併記しています。**割合が分かれば味がぶれませんし、計算すれば量も簡単に増減できる。味つけの法則ができる**から、応用がきくわけです。たとえば吸いものはだし汁25に薄口しょうゆ1、酒0.5の割合で合わせれば、それだけで味が決まります。だし汁が250mℓなら薄口しょうゆは10mℓ、酒は5mℓ。500mℓなら20mℓ、10mℓですね。魚を淡く、甘みをつけずに煮るなら水16：薄口しょうゆ1：酒1。それを濃くて甘みのきいた味で煮るなら、ベースの水分を少なくして酒をみりんに替え、水＋酒5：しょうゆ1：みりん1にする。右ページにこの本に登場する主な割合をまとめています。ぜひご参考にしてください。

# 本書に出てくる主な割合

味つけは、右のほうに行くと淡く、左に行くと濃くなります。
また、上側は砂糖やみりんを使っているので甘く、下側は使っていないので甘くありません。
一番だしや二番だし、煮干しだしは、総称して「だし汁」としています。

甘い味つけ

べっこうあん
6 : 1 : 0.5
だし汁　しょうゆ　みりん

照り焼き
5 : 3 : 1
みりん　酒　しょうゆ

酢煮
6 : 1 : 1 : 1
水＋酒　しょうゆ　みりん　酢

みぞれ煮
10 : 1 : 1
だし汁　薄口しょうゆ　みりん

そば
15 : 1 : 0.5
だし汁　薄口しょうゆ　みりん

つけ焼き
1 : 1 : 1
しょうゆ　酒　みりん

煮付け
5 : 1 : 1
水＋酒　しょうゆ　みりん

かぼちゃの含め煮
6 : 1 : 0.6
だし汁　みりん　薄口しょうゆ

煮びたし
10 : 1 : 0.5
だし汁　薄口しょうゆ　みりん

寄せ鍋
15 : 1 : 0.5
水　薄口しょうゆ　みりん

濃 ⟷ 淡

おひたし
5 : 1 : 0.5
だし汁　しょうゆ　酒

炊き込みご飯
10 : 1 : 1
水　薄口しょうゆ　酒

淡煮
16 : 1 : 1
水　薄口しょうゆ　酒

うどん
20 : 1 : 0.5
だし汁　薄口しょうゆ　酒

吸いもの
25 : 1 : 0.5
だし汁　薄口しょうゆ　酒

甘くない味つけ

# この本の使い方

きちんとおいしく作るために、本書レシピの使いこなし方をご紹介します。

◉料理の盛りつけ例です。料理の焼き色や質感など、この写真の状態を目指しましょう。料理を盛るときは、温かい料理は器も温めておくとよりおいしくいただけます。材料の分量と盛りつけ写真とが異なる場合があります。

だしと味わうかぼちゃ、ホクホク煮上げたかぼちゃ。
2タイプを楽しんでください。

かぼちゃの煮もの 2種

料理屋のほうが家庭よりおいしいわけではない

かぼちゃの火入れの極意

◆かぼちゃの含め煮

◆かぼちゃの南蛮煮

◉料理を作るための材料表と下準備を書いています。とくにアドバイスがある食材については、料理長からのコメントがあります。

◉料理名の由来や料理のおいしさ、作るときのコツ、食べ方提案などを、野崎料理長の言葉でお教えします。とくに大切なところには黄色いマーカーを引いていますので、ぜひ注意してご覧ください。

## 【レシピの決まりごと】

■ 小さじ1＝5mℓ、大さじ1＝15mℓ、1合＝180mℓ、1カップ＝200mℓです。

■ とくにただし書きがなければ、砂糖は上白糖、塩はさらさらの自然塩、酢は穀物酢、しょうゆは濃口しょうゆ、味噌は長期熟成の田舎味噌、酒は清酒、みりんは本みりん、卵はM玉を使っています。

■「一番だし」「二番だし」は、昆布とかつお節でとった「基本のだし汁」(➡p.11)のものです。

作り方は写真の下に書かれてあり、大きく3ステップに分かれています。まず、黄色いマーカーを引いた見出しを追うだけで作り方の全容がわかります。次に、見出しの下により細かく作り方を解説しています。そしてその下の吹き出し中に、料理長からのアドバイスやコメントがあります。普段、レシピには書かれていない大切なこともたくさん載っていますので、ぜひお役立てください。

作り方では語り尽くせなかったもっと深いコツや、バリエーションが広がるアイディアなどをまとめてご紹介しています。

第1章

# 焼きものと揚げもの

家庭料理の主菜として、一番シンプルな焼きもの。

素材がストレートに生きるから、

下ごしらえや焼き方がおいしさを左右します。

魚と肉では大きく違う焼きもののコツも野崎料理長が伝授。

失敗しないおすすめの揚げものもご紹介します。

上の皿／土井善男（宙）、下の丸皿／吉村昌也

塩の使い方は3通り。
シンプルに、おいしく魚を味わう方法。

# 基本の焼き魚「塩焼き」

## 塩味のつけ方で味や舌ざわりが変わります

魚のおいしさをダイレクトに食べるなら、やはりシンプルな塩焼きが一番！「塩焼き」は塩で味をつけるからこの名前がついていますが、同じ塩1gで味をつけるとしても、**細かい塩を全体にふるのか、粒の大きい粗塩をところどころにポツポツとふるのか、塩をしっかり中まで含ませるのかで、味の感じ方が大きく違うんです**。ここではそんな3種類の塩焼きをご紹介します。

ご家庭なら、切り身を使うことが多いですね。それなら細かい塩を全体にまんべんなくふって30分ほどおき、下味をつけてから焼きます。焼く直前に塩をふればいいのでは？と思うかもしれませんが、少しおいて焼くことで生臭い水分が抜けて塩味も浸透するので、全然味が違ってきます。お好みで大根おろしを添え、少ししょうゆをかけて食べてもいいでしょう。

一尾付けの塩焼きのふっくら焼き上がったおいしさは、また格別。姿の美しさも、食卓を華やかにします。一尾の場合は、粗塩を使います。皮でおおわれているので細かい塩を使うと、溶けて皮を伝って液だれするので、焼いたあとが美しくありません。粗塩なら少し溶けても皮の上にとどまってくれますし、何より焼いた後の塩のカリッとした舌ざわりのよさと香ばしさが、いっそう味わいを深くしてくれます。

## 干物も塩焼きである

そして3つめは、塩を中まで含ませる干物や塩鮭、塩さばなど。これらを焼いたものも、塩焼きと言えるでしょう。中まで塩が浸透するよう細かい塩が向いていますが、塩水に浸けてもかまいません。塩味が中まできちんとついて、魚の味が凝縮され、それだけでとてもおいしくなります。

**【塩焼きに向く塩3種】**

手前右から時計回りに、細かい塩、粗塩、藻塩《もしお》。基本的には、全体にまんべんなくふることのできる細かい塩を使います。粗塩は、あじや鮎など、一尾の姿を生かして焼くときに。藻塩は少し特殊で旨みが強いので、味をプラスしたいときに使います。

① 細かい塩で下味をつけて焼く

# ぶりの塩焼き

**材料（2人分）**

ぶりの切り身（60gのもの）…… 2切れ

塩 …… 適量

すだち（半割り）…… 2切れ

**1 両面に塩をふる。**

バットに塩をふり、ぶりの切り身をのせて、上からも塩をふる。

洗い流すので、塩の量は気にすることはありません。

**2 30分おく。**

常温で30分おく。塩がしみ込むとともに表面から余分な水分が出てくる。

ここで"味の道"が作られます。

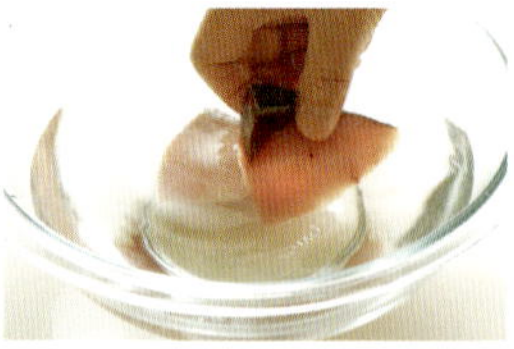

**3 水で洗う。**

水にさっとくぐらせて、余分な塩や魚から出てきた臭みを洗い流す。水道の流水でもよい。

**4 水気を拭いて焼く。**

布巾やペーパータオルでやさしく押さえ、水気をきれいに拭き取る。魚焼きグリルの庫内と網を熱しておき、網にのせて中火で両面を焼く。器に盛り、すだちを添える。

---

② 粗塩をふって一尾のまま焼く

# あじの塩焼き

**材料（1人分）**

あじ …… 1尾

粗塩 …… 適量

レモン（くし形切り）…… 1個

大根おろし（軽く水気を絞ったもの）…… 適量

しょうゆ …… 適量

**1 ぜいごと内臓を取り、洗う。**

包丁をねかせ、あじの尾側から頭側にかけて包丁を進め、ぜいごを取る（➡p.90）。内臓とえらを取り出し、よく水洗いする。ペーパータオルで水気を拭き取る。腹の内側も忘れずに。

**2 両面に粗塩をふり、すぐに焼く。**

両面とも背びれの近くに十文字に切り目を入れ、粗塩をふる。魚焼きグリルの庫内と網を熱しておき、網にのせて焼き上げる。器に盛り、レモン、大根おろしを添えてしょうゆを少したらす。

切り目を入れると火が通りやすくなるとともに、焼き上がりの姿が美しくなります。

③ 塩を含ませて焼く

# あじの干物

**材料（1人分）**

あじ …… 1尾
塩 …… 適量

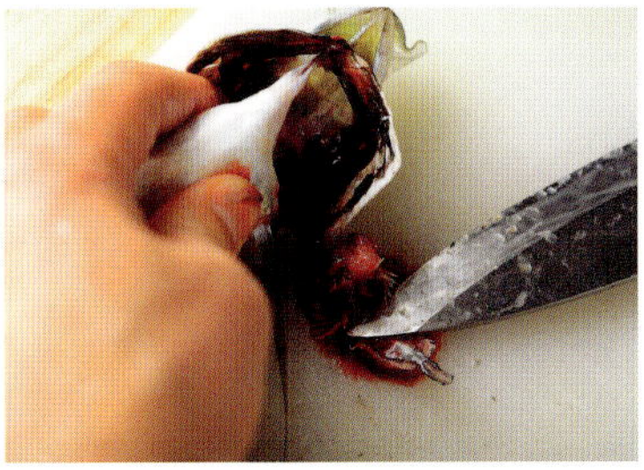

## 1 あじの下処理をする。

あじは内臓とえらを取り出し（➡p.90）、よく水洗いしてペーパータオルで水気を拭き取る。

腹の内側も、水分をきれいに拭き取りましょう。

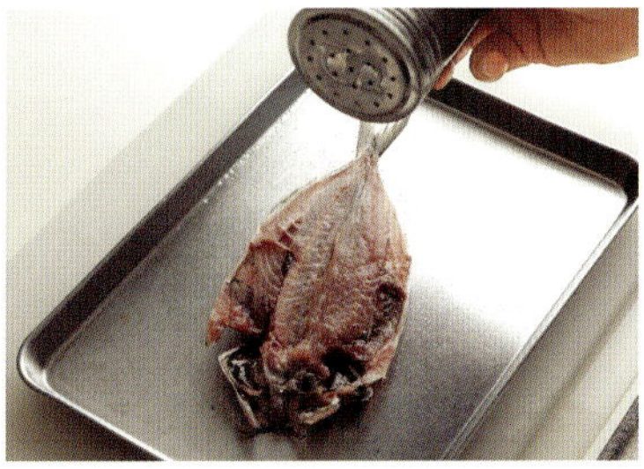

## 2 開いて塩をふる。

腹側から開き（腹開き）、バットに塩をふってのせ、上からも塩をふる。小1時間おく。

## 3 脱水させて焼く。

水気を拭き取り、脱水シートではさむ。冷蔵庫で半日おく。魚焼きグリルの庫内と網を熱しておき、網にのせて中火で焼く。

冬の気温が低くて乾燥している日なら、網にのせて風乾させて干物を作るのがおすすめ！

角皿／廣政 毅（宙）

鶏の照り焼き

ぶりの照り焼き

みりん5：酒3：しょうゆ1が照り焼きのたれ。
濃厚でもくどくないから、素材の味がする。

# 照り焼き 2種

## おいしいたれをからませるコツ

照り焼きの魅力は、表面にからませた甘辛く濃厚なソースで、素材をおいしく食べるところにあります。これって、西洋料理と同じですね。ここでは魚はぶり、肉は鶏を使って、フライパンでおいしく作る方法をご紹介します。どちらもたれの割合は同じ、**みりん5：酒3：しょうゆ1**。たれが早く煮詰まるよう、水の代わりに蒸発しやすい酒を使うのが大事です。

照り焼きでは素材の表面にたれをからませる、と言いましたが、ぶりも鶏もも肉も脂がのっているので、たれをはじきやすい性質。たれがのりやすいよう、どちらも小麦粉をつけてから焼き始めましょう。ただし小麦粉のころもが厚いと、くどくなるのでごく薄化粧に！　刷毛を使うと簡単に薄くまぶすことができて、手も汚れません。どちらも皮まですべておいしく食べられるよう、**皮はしっかりと、焼き目がついてカリッとなるまで焼ききってください**。とてもおいしくなります。

## 余分な油脂を拭き取ると、素材の味が際立ってくる

おいしい味作りのポイントは、**たれを入れる前にフライパンや素材のまわりについた油はきれいに拭き取る**こと。たれは濃厚なソース、と言いましたが、脂っぽいのはおいしくないし、油脂はたれと分離するので味がからみにくくなります。この余分な油や魚や鶏の臭みが出た脂を取る、そのひと手間で、とてもすっきりとして、素材の味がくっきりと感じられます。

照り焼きというと、昔の作り方ではたれの中でずっと煮詰めていましたね。でもそれでは堅くなって肉汁も出てしまい、おいしくない。現代はそんなに鮮度の悪い素材は売っていません。**中までしっかり火を通す必要のない時代**ですから、途中、味がからんだところで魚や肉を取り出し、仕上げに戻してたれをからませます。このほうが柔らかくてジューシー、表面と内側の味のコントラストもできて、ずっとおいしく仕上がりますよ。

# ぶりの照り焼き

**材料（2人分）**

- ぶりの切り身（80gのもの）…… 2切れ
- 塩 …… 適量
- 小麦粉（薄力粉）…… 適量
- サラダ油 …… 大さじ1

**照り焼きのたれ 5：3：1**

- みりん …… 150mℓ ➡5
- 酒 …… 90mℓ ➡3
- しょうゆ …… 30mℓ ➡1
- 塩 …… 適量

- たまりしょうゆ …… 小さじ½
- しょうが（薄切り）…… 20g

**準備**

◉ 照り焼きのたれの材料をボウルに入れて混ぜ合わせる。

**1 ぶりに塩をして15分おく。**

バットに塩をふり、ぶりの切り身をのせて上からも塩をふる。常温で15分ほどおき、水洗いして水気を拭き取る。

魚の照り焼きでは、最初に塩で下味をつけて、たれが表面にからんだだけでおいしく食べられるようにします。

**2 ぶりに薄く小麦粉をまぶす。**

刷毛に小麦粉をつけ、ぶりに薄くまぶす。身、皮とも全面に行う。

**3 焼いて焼き色をつける。**

フライパンにサラダ油を入れて強火で熱し、ぶりを並べる。しっかりと焼き色をつけ、裏返して両面とも焼く。

サラダ油がちょっと多い？ と思っても気にしなくてかまいません。焼いたあとに拭き取りますから。

### 4 皮もきちんと焼く。

菜箸でぶりを持ち上げて皮を下にし、パリッとするまで焼く。

皮が焼けていないと、ぐにゃっとしたいやな食感になりますよね。でもしっかり焼くと、残らずおいしく食べられます。

### 5 余分な油を拭き取る。

ペーパータオルでフライパンやぶりのまわりの余分な油をきれいに拭き取る。

ここで使ったサラダ油は、焼くためのもの。油に魚の臭みも出ています。これを拭き取るだけで、照り焼きがすっきりと洗練された味になりますよ。

### 6 たれの材料を加える。

合わせておいたたれの材料を、フライパンの空いたところに一気に加える。すぐに沸き立ち、たれができ上がる。

### 7 強火にして裏返す。

たれが煮立って泡が大きくなってきたら裏返す。

### 8 八割がた火が通ったら取り出す。

細かい泡が出始めたら、ぶりをいったんバットに取り出す。ここまでで、八分《ぶ》通り火が入っている。

取り出している数分の間に、余熱でぶりにやさしくやさしく火が入っていきます。この時間が、とても大切です。

### 9 たれを煮詰める。

中火にし、アルコールを飛ばしながらたれを煮詰める。途中でしょうがを加える。

しょうがは煮すぎると苦みが出るので、でき上がり間近のタイミングで加え、爽やかな香りを生かします。

### 10 ぶりを戻し入れる。

たれが少なくなってほとんどが細かい泡になってきたら、8のぶりを戻し入れて、フライパンをゆすりながらからませる。

### 11 たまりしょうゆを加える。

たまりしょうゆを全体に回しながら、加える。

たまりしょうゆを加えると、おいしそうな濃厚な色がつきます。

### 12 照りがついたら煮上がり。

フライパンを回しながらたれをぶりにからませ、ツヤツヤのきれいな照りがついたら煮上がり。器に盛り、しょうがを添える。

照り焼き2種の作り方

# 鶏の照り焼き

**材料（2人分）**

- 鶏もも肉 …… 1枚（200g）
- 生しいたけ …… 2枚
- ししとう …… 4本
- 小麦粉（薄力粉）…… 適量
- サラダ油 …… 大さじ1

**照り焼きのたれ　5：3：1**

- みりん …… 150mℓ ➡5
- 酒 …… 90mℓ ➡3
- しょうゆ …… 30mℓ ➡1

- たまりしょうゆ …… 小さじ½
- しょうが（薄切り）…… 20g

**準備**

- 生しいたけは軸を切り落とす。ししとうはへたを取り、竹串などで全体に穴をあける。
- 照り焼きのたれの材料をボウルに入れて混ぜ合わせる。

### 1 鶏肉をそぎ切りにする。

鶏肉は皮を下にしてまな板に置き、縦半分に切る。包丁を斜めにねかせ、繊維に沿って薄めのそぎ切りにする。

皮もおいしいので、切り身のすべてに皮がついているのが理想。皮を広げて、形を整えてから2に進みましょう。

### 2 小麦粉を刷毛で薄くまぶす。

鶏肉を手に取り、刷毛に小麦粉をつけて薄くまぶす。裏面も同様にまぶす。

### 3 フライパンで皮側を焼き始める。

冷たいフライパンにサラダ油を入れ、2の皮を下にして並べ、中火にかける。

フライパンは熱しておかないように。冷たい状態から徐々に火を入れることで鶏肉がダメージを受けず、また肉に火が入りすぎずジューシーに仕上がります。

### 4 皮をこんがりと焼く。

皮にこんがりと焼き色がついて、パリッとするまで焼く。

皮が生焼けだとおいしくありません。しっかり焼いてください。焼き色の香ばしさもおいしさになりますよ。

### 5 余分な油を拭き取る。

ペーパータオルでフライパンや鶏肉の下などの余分な油をきれいに拭き取る。

### 6 たれの材料を加える。

肉を端によけて真ん中をあけ、あいたところに合わせておいたたれの材料を一気に流し入れる。

こうすると瞬時に沸き立ち、たれができ上がります。ここまではずっと皮を下にして、間接的にやさしく火を入れます。

### 7 皮を上にして煮る。

鶏肉の皮を上に、身を下にし、たれが煮立ってきたら強火にする。

盛りつけたときに上になる側が焦げたりしないよう、上にして煮ます。

### 8 しいたけを加える。

たれが沸き立ち、細かい泡がブクブクと出たら、生しいたけを加えて軽く煮る。

### 9 鶏肉をいったん取り出す。

鶏肉をいったんバットに取り出し、強火のままたれを煮詰める。途中でしょうがを加える。

取り出した鶏肉には、余熱でじわじわ火が入ります。これが、鶏肉を柔らかくジューシーに仕上げるポイントの1つ。

### 10 鶏肉を戻し入れる。

たれに濃度がついて、大きくツヤのある泡が出てきたら、9の鶏肉を戻し入れ、からませる。

### 11 たまりしょうゆ、他の具を加える。

たまりしょうゆを全体に回しながら、加える。ししとうも加える。

たまりしょうゆを加えると、たれにおいしそうな濃い色がつきます。

### 12 照りがついたら煮上がり。

フライパンを回しながら、全体にたれをからませ、ツヤツヤのきれいな照りがついたら煮上がり。器に盛る。

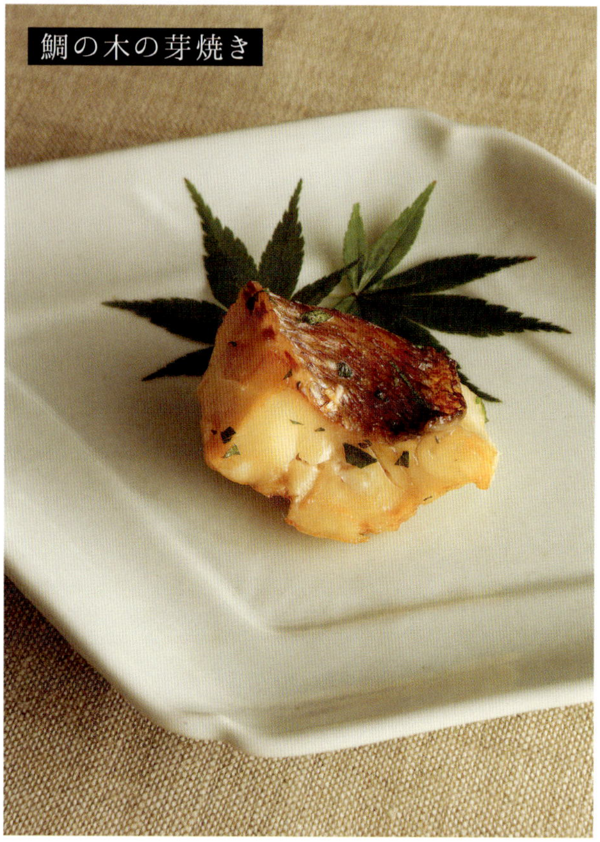
鯛の木の芽焼き

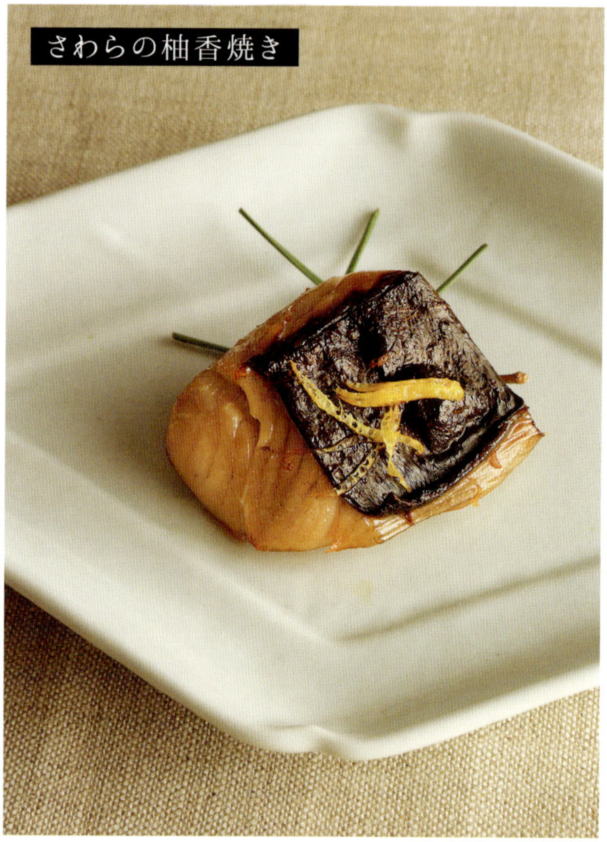
さわらの柚香焼き

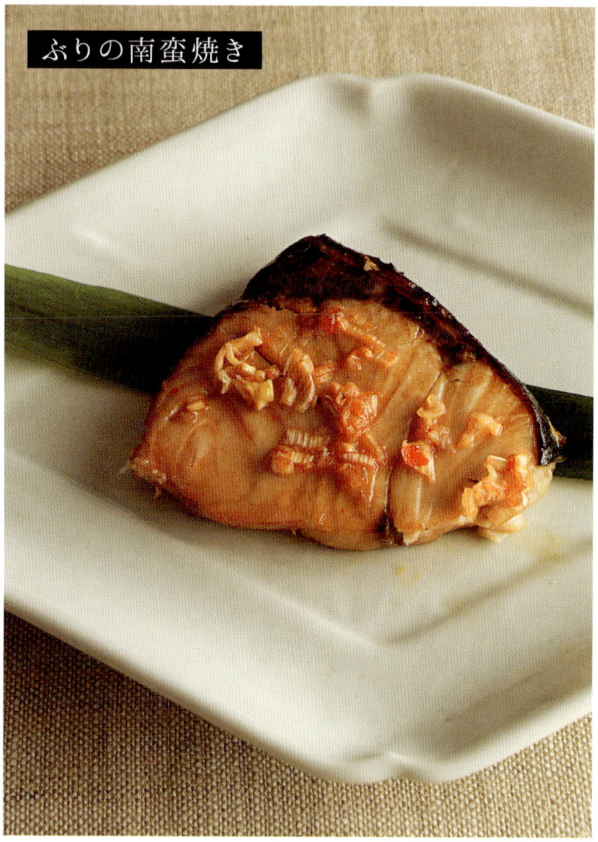
ぶりの南蛮焼き

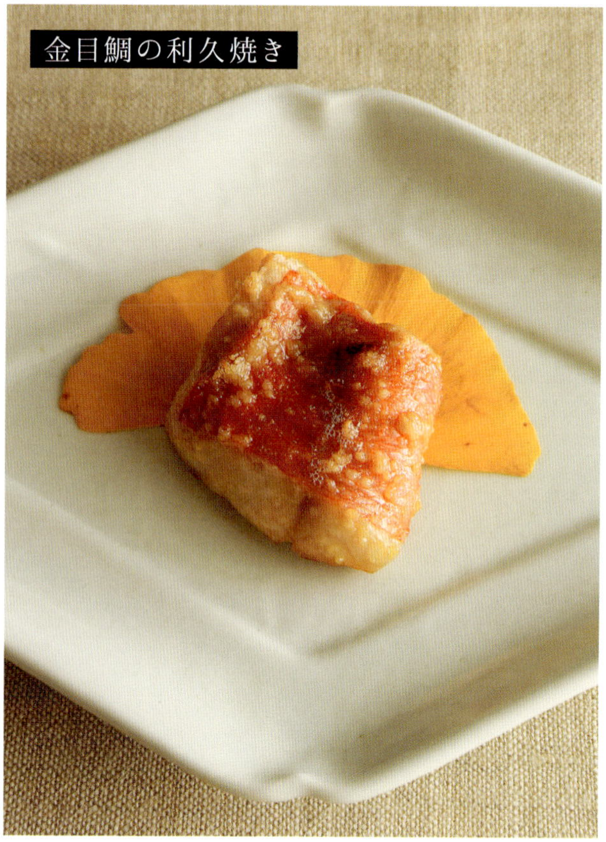
金目鯛の利久焼き

角皿／土井善男（宙）

つけだれの基本はしょうゆ1：酒1：みりん1。
違う香りをプラスするだけで、料理の幅が広がります。

# 魚のつけ焼き 4種

## 基本のつけだれがあれば、バリエーションは簡単

つけ焼きという名の通り、たれに浸け、焼くときもたれに浸けては焼いて、魚に味をからませます。ご家庭なら、たれを刷毛で塗ってもいいでしょう。

ここでは4種類ご紹介しますが、作り方はどれも同じ。**しょうゆ1：酒1：みりん1で合わせた基本のつけだれ**を作って、味や香りづけの材料を混ぜたら、魚を浸けて焼く。難しいことは何一つありませんが、グリルはあらかじめ熱くしておきましょう。

このプレーンなつけだれで味つけしてもいいですし、今回のように柚子や木の芽、ねぎなどを加えてもかまいません。加える素材を変えるだけで簡単に味や香りに変化がつけられ、焼き魚にフレッシュ感も漂わせられるので、覚えておくと便利です。旬を迎えた魚と、その時季の香りの素材を組み合わせることで季節感が表現できるので、おもてなしにもどうぞ。

## つけ焼きは、たれに浸けて“味の道”を作る

ここまでの焼き魚では、下ごしらえに塩をふって“味の道”を作りました。でもつけ焼きは塩をせず、**たれに浸けて“味の道”を作ります**。今回は1切れ40gの小さな切り身を使ったので15分浸けましたが、80gほどの大きいものなら浸け時間を長く、30分ほどにしましょう。たれがからまっているので、味噌漬け焼きと同じく焦げやすくなっています。弱火で焼いてください。

フライパンで焼くこともできます。熱を通すオーブンシートなどを敷き、汁気をきった魚を皮を下にしてのせ、弱火にかけて蓋をします。こうすると身が蒸し焼きになるうえ、オーブンシートと皮を通して間接的に火が入るので、ふっくら柔らかく焼き上がります。途中で2〜3回たれを塗りながら焼いてください。

### Chef's voice

今回ご紹介した組み合わせの他にも、春はふきのとう、夏はみょうがや大葉、秋は青柚子の皮や穂じそ、冬は黄柚子やこしょう、といった具合に基本のつけだれに加えると、季節感がぐっと増します。魚にのりやすいよう、ふきのとうやみょうが、大葉、穂じそなどはそれぞれ刻んで加えてください。

# 鯛の木の芽焼き

**材料（2～4人分）**

鯛の切り身（40gのもの）…… 4切れ

**木の芽焼きのたれ** 1：1：1

- しょうゆ …… 40mℓ ➡1
- 酒 …… 40mℓ ➡1
- みりん …… 40mℓ ➡1
- 木の芽 …… 20枚

みりん …… 適量

**作り方**

1 ボウルにたれの調味料を合わせ、木の芽を粗く刻んで混ぜる。

2 鯛を入れて15分浸け、ざるに上げて汁気をきる（切り身が大きければ30分浸ける）。

3 熱くした魚焼きグリルに入れて弱火で焼く。途中、刷毛で何度かたれを塗って焼き上げる。仕上げにみりんを塗って乾く程度に焼き、照りを出す。

# さわらの柚香焼き

**材料（2～4人分）**

さわらの切り身（40gのもの）…… 4切れ

**柚香焼きのたれ** 1：1：1

- しょうゆ …… 40mℓ ➡1
- 酒 …… 40mℓ ➡1
- みりん …… 40mℓ ➡1
- 柚子（輪切り。皮だけでもよい）…… 2枚

みりん …… 適量

**作り方**

1 ボウルにたれの調味料を合わせ、柚子を入れる。

2 さわらを入れて15分浸け、ざるに上げて汁気をきる（切り身が大きければ30分浸ける）。

3 熱くした魚焼きグリルに入れて弱火で焼く。途中、刷毛で何度かたれを塗って焼き上げる。仕上げにみりんを塗って乾く程度に焼き、照りを出す。

# ぶりの南蛮焼き

**材料（2〜4人分）**

ぶりの切り身（40gのもの）…… 4切れ

**南蛮焼きのたれ** 1：1：1

- しょうゆ …… 40mℓ →1
- 酒 …… 40mℓ →1
- みりん …… 40mℓ →1
- 長ねぎ（みじん切り）…… 20g
- 豆板醤《トウバンジャン》 …… 小さじ1

みりん …… 適量

**作り方**

1 ボウルにたれの調味料とねぎを合わせ、豆板醤を少しずつ加えて溶きのばす。

2 ぶりを入れて15分浸け、ざるに上げて汁気をきる（切り身が大きければ30分浸ける）。

3 熱くした魚焼きグリルに入れて弱火で焼く。途中、刷毛で何度かたれを塗って焼き上げる。仕上げにみりんを塗って乾く程度に焼き、照りを出す。

# 金目鯛の利久焼き

**材料（2〜4人分）**

金目鯛の切り身（40gのもの）…… 4切れ

**利久焼きのたれ** 1：1：1

- しょうゆ …… 40mℓ →1
- 酒 …… 40mℓ →1
- みりん …… 40mℓ →1
- 練りごま …… 30g

みりん …… 適量

**作り方**

1 ボウルにたれの調味料を合わせ、練りごまを少しずつ加えて溶きのばす。

2 金目鯛を入れて15分浸け、ざるに上げて汁気をきる（切り身が大きければ30分浸ける）。

3 熱くした魚焼きグリルに入れ、弱火で焼く。途中、刷毛で何度かたれを塗って焼き上げる。仕上げにみりんを塗って乾く程度に焼き、照りを出す。

漬け時間は自由自在に調整できる！

# さわらの味噌漬け焼き

魚の味噌漬け焼きは、魚に味噌のいい香りをまとわせる方法で、どちらかというと脂ののった魚に用います。料理屋では、味噌床用に甘くてマイルドな風味の京都の白味噌（西京味噌）を使って、上品に仕上げることが多いのですが、ご家庭では手に入りにくいので、ここでは手に入りやすい信州味噌でご紹介します。

「味噌床は何回使えるんですか？」とよく聞かれます。皆さんも気になりますね。ガーゼではさんで漬ければ、魚に味噌がくっつかないので3回は充分に使えます。味噌床にそのまま漬ける場合は味噌床が減るので、だいたい2回でしょう。

味噌床の水分量を調整するだけで、漬け時間を調整できるって、知っていましたか？　**早く漬けたいときは酒でゆるくのばし、時間をかけて漬けたいときは水分を減らして堅くする**。味噌は水分とともに浸透するので、水分を加減すればいいのです。

**材料（2人分）**

さわらの切り身（40gのもの）……4切れ
塩……適量

◆味噌床
- 信州味噌……200g
- 酒……30mℓ
- みりん……20mℓ

みりん……適量

京都の白味噌（西京味噌）が手に入るようなら、よりマイルドに仕上がります。甘いので、みりんの量を少し減らして、少し長めの時間漬けてください。

### 1 さわらに塩をし、水洗いする。

バットに塩をふり、さわらをのせて上からも塩をふる。20分おく。水で洗い、ペーパータオルで水分を拭き取る。

### 2 味噌床を作って漬け始める。

信州味噌をボウルに入れ、酒とみりんでのばして味噌床を作る。切り身がちょうど納まるサイズのバットに半量より少なめにのせて、広げる。

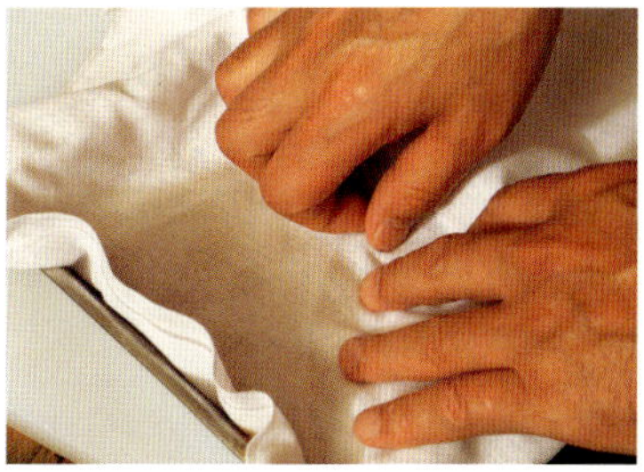

### 3 ガーゼを2重にしてのせる。

ガーゼを2重にし、2の味噌床の上に敷き、手で四隅までしっかり押さえる。

ガーゼは減らして1枚にすれば早く漬かり、4重にして厚くすれば漬け時間が長くなります。

### 4 さわらを並べる。

ガーゼに1のさわらを少し離して並べ、ガーゼを2重のままかぶせる。

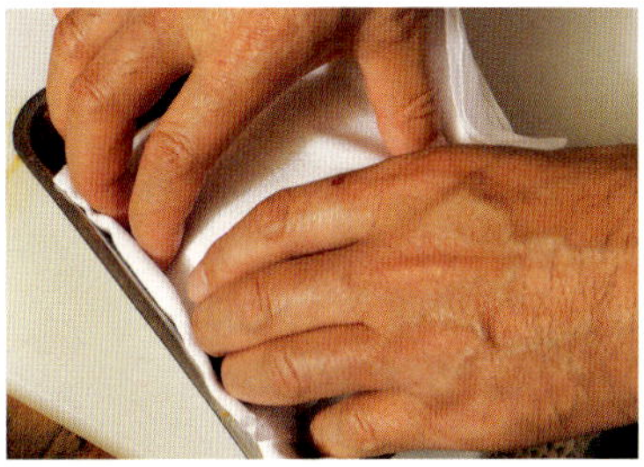

### 5 ガーゼをさわらに密着させる。

かぶせたガーゼの上から指で軽く押さえる。四隅までしっかりと押さえ、さわらに密着させる。こうすると、上からのせる味噌床でまんべんなく全体が漬かる。

### 6 上から味噌床を塗る。

残りの味噌床をゴムべらでまんべんなく、四隅まできっちりとすき間なく塗る。

魚を味噌床でサンドする格好になりますが、味噌床の量は上を多くします。引力の法則で自然と味噌が上から下に落ちてきます。

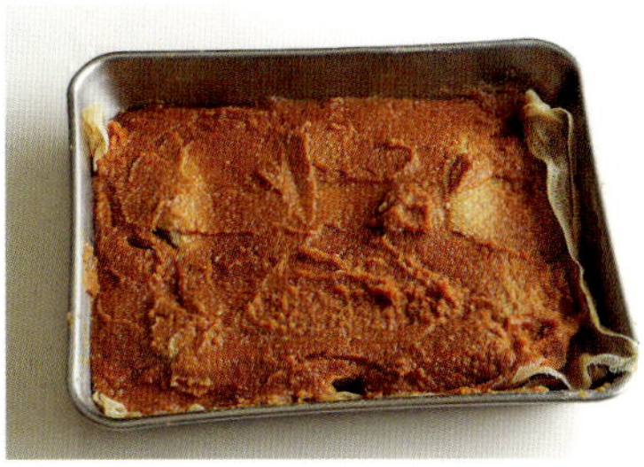

### 7 冷蔵庫で半日ほど漬ける。

バットにラップをかぶせ、冷蔵庫に入れて半日ほど漬ける。

ガーゼを敷かず、味噌床に魚を直接漬けるときは、漬け時間を少し短くしてください。

### 8 さわらを取り出して焼く。

さわらにかぶせた味噌床をガーゼごとめくり、取り出す。さわらには透明感が出て、味噌の色がしみている。あらかじめ魚焼きグリルの庫内と焼き網を熱くしておき、さわらを並べる。弱火でじっくりと焼く。焦がさないよう注意。

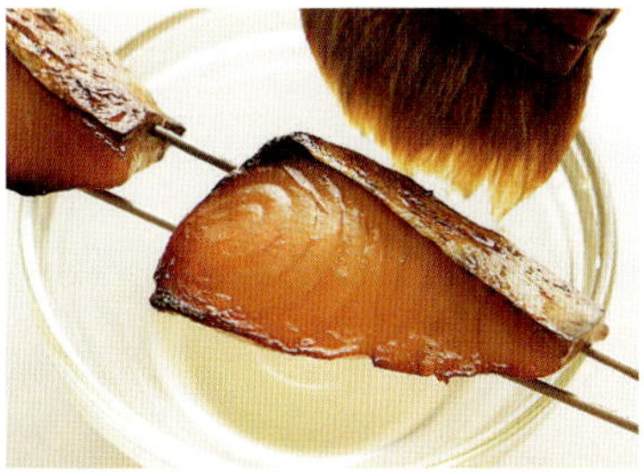

### 9 みりんを塗る。

焼き上がったら取り出し、刷毛でみりんを薄く塗り、乾く程度に焼き、照りを出す。

p.36に続く

# 味噌漬け焼きのバリエーション

## ❶ 味噌床3変化

味噌床は水分を多くすれば漬け時間が早くてすみ、水分を減らせば長く漬ける必要があります。
ご都合に合わせて作ることができるので、便利です。

**早く漬けるなら**

100mℓの酒で味噌200gをのばし、柔らかめの床にする。

**基本の漬け時間**

50mℓの水分（酒30mℓ、みりん20mℓ）で味噌200gをのばす。

**長く漬けるなら**

味噌床300gを水分でのばさず、堅めのまま使う。

## ❷ 味噌床に酒粕を加える

味噌床に100gほど酒粕を加えて作ると、味噌の風味を損なうことなく、甘みやコクが加わり、味に深みが増します。焼き上がりもよりしっとりとして、ツヤが出ておいしそうな姿に。手に入りやすい板粕でもいいですし、手に入る時季なら練り粕を使うとより味がよくなります。

### Chef's voice

味噌漬け焼きはフライパンで焼くこともできます。ただし、直接フライパンにのせて焼くと下の面がすぐに焦げてしまうので、熱を通す便利なオーブンシートを使うと失敗がありません。味噌漬け焼きは脱水して水分が少なくなっているので、皮を下にして、蓋をして蒸し焼きにすること。ふっくら焼き上がります。蓋をしないとパサパサに仕上がりますよ。

# 「牛肉のステーキ」を低温で焼く理由

牛肉が一番おいしいのは、脂が溶けて、肉汁をたっぷりとたくわえたジューシーな状態。食べると脂の甘みや肉の旨みが口に広がります。だから今、私がステーキを焼くときに大切にしているのは、牛肉に弱火でじっくりじっくり火を入れること。それができるのも、鮮度がよくて旨みもある牛肉が手に入る時代だからこそ、です。

では、どうして弱火で焼くのでしょう。ちょっと難しいお話ですが、たんぱく質ミオシンは40～60℃で旨み成分のアミノ酸に変わります。その温度帯をゆっくり通過させることで、アミノ酸、つまり旨みの量が増えるわけです。だから冷たいフライパンから弱火にかけて、徐々に、徐々に温度を上げていきます。これもあらかじめ熱しておかなくてよいフッ素樹脂加工のフライパンだからできるんです。

また、牛肉の脂は50℃で溶け始め、同時にたんぱく質に火が入り始めて、80℃に近くなると完全に火が入って堅くなり、肉汁が出始めます。だから40～75℃（中心温度は約65℃）の間を保って焼きたいわけです。牛肉の色が変わったら裏返し、裏面も色が変わったらもう焼き終わり。ちょうどよく火が入っています。それから表面にさっと焼き香をつけて仕上げます。

## 和風ステーキ

**材料（2人分）**

牛ステーキ肉（150gのもの）……1枚
塩・こしょう……各適量
あればヘット（牛脂）……適量

**薬味**

- 大根おろし（軽く水気を絞ったもの）……30g
- おろししょうが……5g
- すだち……½個
- 大葉……1枚
- わかめ……適量

しょうゆ……適量

**準備**

◉ 牛ステーキ肉を常温にもどしておく。

**牛肉に塩、こしょうをふる。**

バットに塩とこしょうをふり、牛肉をのせて上からも塩、こしょうをふる。

この作業は焼く直前に行います。肉の場合は魚と違って塩をして時間をおくと、おいしい肉汁が出てしまいますから。

**弱火で焼き始める。**

フッ素樹脂加工のフライパンにのせ、ヘットも一緒に入れて弱火にかける。ときどき動かしたり裏返して焼き色を確かめる。

ジュージューと音がするなら火加減が強すぎます。本当に静かに焼いていきます。

**焼き色がついたら裏返す。**

ゆっくりゆっくり焼き、表面の色が変わったら裏返し、裏面もゆっくりと焼く。

**焼き上がり。**

肉の断面を確かめ、中がレアな状態で火が通っていれば焼き上がり。肉を取り出し、フライパンを強火で熱し、肉を戻して両面ともさっと表面だけ焼いて香りをつけ、すぐに取り出す。まな板に置き、包丁をねかせて斜めにそぎ切りにする。器に盛り、薬味としょうゆを添える。

焼きたてを食べたい玉子焼き
冷めてもおいしい玉子焼き

玉子焼きは低温調理。
卵が固まる前、半熟のときに巻く。

# 玉子焼き 2種

## 卵が半熟のうちに巻く、これが極意

玉子焼きのおいしさは、水分があって柔らかく、卵の味がすること。それをかなえるための極意はただひとつ、「半熟のうちに作業を行うこと」です。卵は、固まるまでは流動してどんな形にもなるのに、**80℃ぐらいでいきなり固まったと思ったら、どんどん水分が出てあっという間にパサパサになる**。そうなったらもう言うことを聞いてくれないし、味も台なしです。極端な話ですが、“火を入れてはいけない素材”なんです。

だから、巻くのもまだ卵液が半熟のうち。このとき卵はまだ70℃以下ですから思い通りの形に巻けるし、もし形が少し崩れても最後に鍋の中で整えたり、巻きすで巻いて形を整えることもできる。余熱で火が入って卵同士もくっついてくれます。食べる頃にはちょうどよく固まって、ジューシーに仕上がりますよ。

## どんな状況で食べるかで、味つけを変えるといい

ここでご紹介した2種類の料理名には「焼きたてを食べたい」「冷めてもおいしい」というフレーズを使いました。どう違うのでしょうか。卵に加える水分と調味料が違うんです。

お弁当のように、**冷めた状態で食べると旨みを感じにくくなります**。だから、卵液にだし汁と砂糖を加えて、旨みと甘みをつけたほうが絶対おいしい。でも焼きたてを食べるなら、だし汁ではなくて水、砂糖ではなくて薄口しょうゆ。このほうが卵の風味をストレートに味わえます。さっぱりいただけるのもいいですよね。今回は具に三つ葉やわけぎを使いましたが、旨みの強いトマトを小さく切って入れるのもおすすめです。

**肉や魚も火を入れすぎるとおいしくありませんが、卵はそれがとくに顕著**です。火を入れすぎない。このことをよく頭に入れて作ってみてください。

### ◆焼きたてを食べたい玉子焼き

**材料（作りやすい分量）**

- 卵 …… 3個
- 水 …… 50mℓ
- 薄口しょうゆ …… 大さじ½
- 三つ葉の葉（ざく切り） …… 5本分
- こしょう …… 適量
- サラダ油 …… 適量
- 染めおろし（大根おろしにしょうゆを少量たらしたもの） …… 適量

### ◆冷めてもおいしい玉子焼き

**材料（作りやすい分量）**

- 卵 …… 3個
- だし汁（➡p.11） …… 50mℓ
- 砂糖 …… 大さじ1
- 薄口しょうゆ …… 大さじ½
- わけぎ（小口切り） …… 1本分
- サラダ油 …… 適量

だし汁は、一番だしでも二番だしでもかまいません。同量の水で割った牛乳や豆乳でもだし汁になります。

**共通の準備**

◉ ぬれ布巾をコンロの近くに用意する。

玉子焼き2種の作り方

焼きたてを食べたい玉子焼き

## 1 卵液を作る。

ボウルに卵を割りほぐし、水、薄口しょうゆ、こしょうを混ぜ、三つ葉を加えて混ぜる。

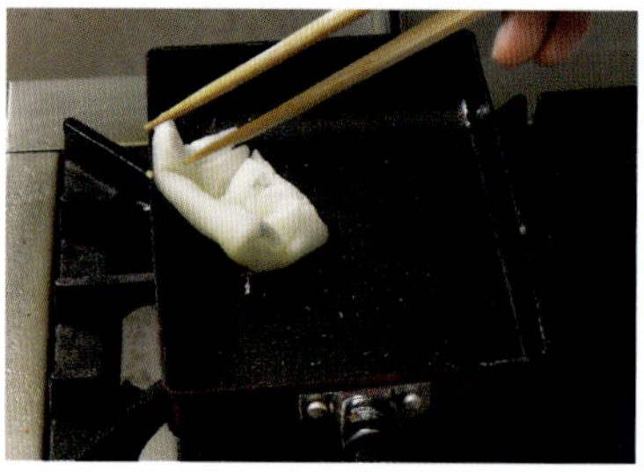

## 2 玉子焼き鍋の油ならしをする。

玉子焼き鍋を強めの中火でよく熱し、ペーパータオルにサラダ油をしみ込ませて薄く油を敷く。

焼きムラが起きないよう、鍋を動かしながら全体を同じように温めましょう。

## 3 鍋の温度を落ち着かせる。

いったんぬれ布巾の上にフライパンの底をあてて、温度を均一に下げる。

## 4 焼き始める。

3を再び火にかけて1の⅓量を流し、全体に広げる。

## 5 泡が出たら菜箸でつぶす。

ところどころ大きな泡ができたら、すばやく菜箸でつぶして卵液を均一に広げる。

卵が固まる前、まだ半熟のときに行えばリカバーできます。

## 6 1回目の巻きを行う。

卵液の縁に火が入ってはがれ始め、中央が半熟状のところで、向こう側を菜箸でなぞって鍋からはがし、向こうから手前へ⅓のところまで巻く。さらにもう1巻きする。

このときも、卵が半熟状でなくてはいけません。

## 7 鍋に油を引いて向こうへ。

向こう側の空いた部分に、ペーパータオルにひたしたサラダ油を薄く敷き、玉子焼きを向こう側に静かに寄せる。

火が入りすぎないよう、手早く行います。

## 8 卵液を入れる。

空いた手前にサラダ油を薄く敷き、残りの卵液の半量を流し入れる。向こう側の玉子焼きを持ち上げて、下にも隅々まで流し込む。

## 9 2回目の巻きを行う。

5〜7と同様にして、2回目も巻き、向こう側に寄せる。

**10 3回目の巻きを行う。**

卵液を少し残して流し入れ、全体に広げる。5〜7と同様に3回目も巻く。向こう側へ寄せる。

**11 仕上げにもうひと膜焼く。**

ごく弱火にし、残りの卵液を流してごく薄く広げ、玉子焼きを向こうから手前に巻く。向こう側に寄せ、一度ひっくり返して上面も軽く焼く。

**12 形を整える。**

形をきれいに整える。器に盛り、染めおろしを添える。

## 冷めてもおいしい玉子焼き

**1 卵液を作り、焼き始める。**

ボウルに卵を割りほぐし、だし汁、砂糖、薄口しょうゆを混ぜ、わけぎを加えて混ぜる。p.40の2〜3と同じように玉子焼き鍋の準備をする。玉子焼き鍋を再び火にかけて卵液の1/3量を流し、全体に広げる。

**2 泡が出たら菜箸でつぶす。**

ところどころ大きな泡ができたら、すばやく菜箸でつぶして卵液を均一に広げる。

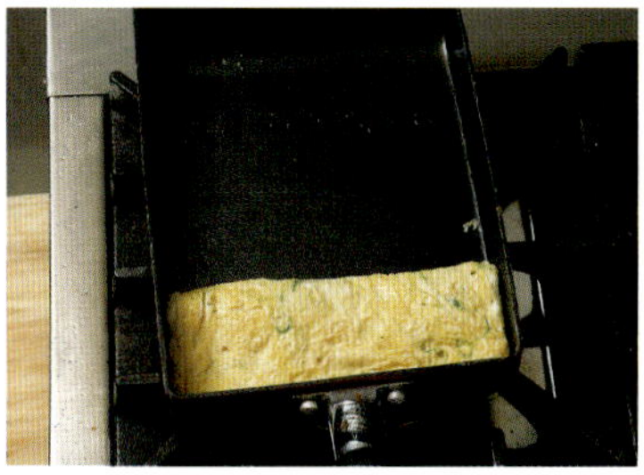

**3 1回目の巻きを行う。**

卵液の縁に火が入ってはがれ始め、中央が半熟状のところで、向こう側を菜箸でなぞって鍋からはがし、向こうから手前へ1/3のところまで巻く。さらにもう1巻きする。次の手順はp.40の7に同じ。

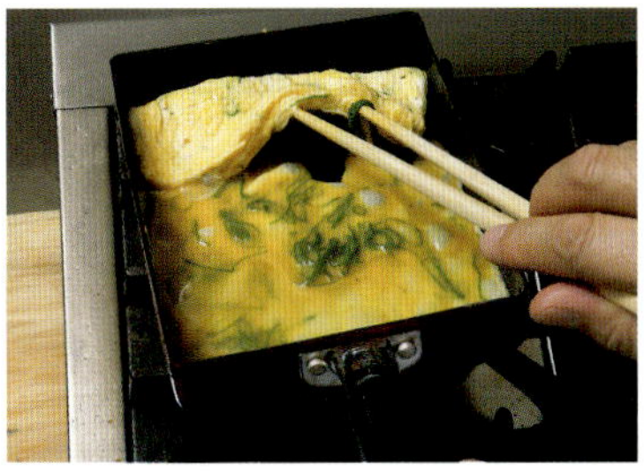

**4 卵液を入れる。**

空いた手前にサラダ油を薄く敷き、1の残りの半量を流し入れる。向こう側の玉子焼きを持ち上げて、下にも隅々まで流し込む。次の手順はp.40 9〜p.41 10に同じ。

**5 仕上げにもうひと膜焼く。**

ごく弱火にし、残りの卵液を流してごく薄く広げ、玉子焼きを向こうから手前に巻く。向こう側に寄せ、一度ひっくり返して上面も軽く焼く。形をきれいに整える。

こうすると表面がとてもきめ細かく、美しくなります。

### Chef's voice

巻き終わりの形が気に入らなければ、熱いうちに巻きすで巻いて少しおいてください。きれいな形に固まります。納得いかなければ、板のりで巻いて、一口大に切れば形がカバーできます。

簡単に、上手に揚げられる秘密はころもにあったんです！

# 海老の揚げもの

## パン粉、あられ、クラッカー……、火が入っているころもなら揚げものが簡単

ご家庭で揚げものをするときに、「どのぐらいまで揚げたら引き上げればいいの？」と迷うことはありませんか？　それが解決できる方法があるんです。**ころもを、すでに火の通っている素材にしてください**。たとえばパン粉やあられ、クラッカーなど。これだけで揚げものが簡単になります。

なぜなら、揚げもので難しいのは、ころもと素材のどちらにも火を通す必要があること。そのころものほうに火が通っていれば、素材にちょうどよく火が入ればいい。海老やいかのように、さっと火を通して柔らかくジューシーに味わいたい素材はとくにそう。私は、火の通ったころもを使うことは、水泳にたとえると誰にでもラクに泳げる“浮き輪”をつけることだって言うんです。

その点、天ぷらは難しい。小麦粉と水で溶いたころもにきちんと火を通し、水分を飛ばしながら、中の素材には火が入りすぎないようにする。さっと火を通したい素材であるほど、難しいです。

## 揚げるときに気をつけること

では、実際に揚げるときのポイントをお教えしましょう。**油に入れたら、あまり動かさないこと**。油の中に浮いていて全体に火が通るので、ほおっておいても平気。動かしすぎるところもがはがれやすくなります。素材に火が通ったら自然に浮いてきますから、それが揚げ上がり。しかし、いくつか注意点があります。新びき粉やあられは浮いてくるのが早いので、すぐに引き上げず、ちょっとだけ待ちましょう。コーンフレークは甘みがついていて焦げやすいので、油の温度は低めにしてください。

今回は天つゆをつけずそのまま食べる揚げものなので、あつあつのうちに塩をふりましょう。味がのってくれます。それならはじめから素材に塩をしておけば？と思うかもしれませんが、そうすると堅くなりやすいので、仕上げにふるのがベストです。

**材料（作りやすい分量）**

海老……10尾

◆ころも
- 道明寺……適量
- 新びき粉……適量
- コーンフレーク……適量
- あられ……適量
- クラッカー……適量

卵白……2個分
薄力粉……適量
揚げ油……適量
塩……適量

### 今回使うころも5種

**道明寺粉**
もち米を蒸して乾燥させたもの

**新びき粉**
道明寺を砕いて炒ったもの

**あられ**
ごく小さく切った餅を揚げたもの

**コーンフレーク**
水などで練ったとうもろこし粉を加熱してから乾燥し、炒ったもの

**クラッカー**
塩味の強いビスケット

## 海老の揚げものの作り方

### 1 ころもを砕く。

コーンフレークとクラッカーは、手で細かく砕く。こうすると海老につきやすく、食感もよくなる。

### 2 殻をむき、背わたを取り除く。

海老は殻をむき、背側に横から切り目を入れる。包丁の先で背わたを取り除く。

### 3 海老を軽く洗う。

ボウルに水を入れ、海老を入れて軽く洗い、臭みを落とす。

塩水を使うと味がつくので、普通の水を使います。

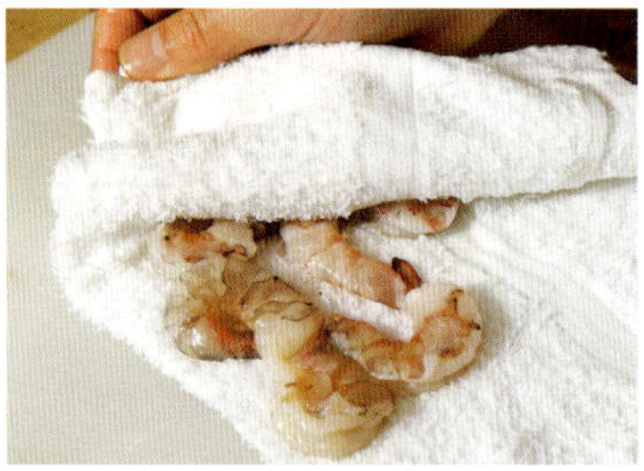

### 4 水気を拭き取る。

タオルにのせ、上から軽く押さえて水気を拭き取る。強く押さえつけないように。

### 5 楊枝を刺す。

海老を丸めて形を整え、楊枝を刺す。

### 6 卵白を布ごしする。

卵白をさらしでこして、サラサラにする。こうすると素材にまんべんなくつく。

### 7 海老に薄力粉と卵白をつける。

5の海老に刷毛で薄く薄力粉をまぶし、卵白にくぐらせて全体にまんべんなくつける。

卵白はころもをつけるためののりです。全体にムラなくつけてください。

### 8 ころもを付ける。

5種類のころもを、それぞれ海老にまぶしつける。

### 9 揚げ油を用意する。

天ぷら鍋に揚げ油を入れ、160℃ぐらいに熱する。クラッカーを入れてほんの少し泡が出るぐらいが目安。

火の入ったころもは水分が少なく焦げやすいので、天ぷら（170～180℃）よりも低めの温度にします。

**10 揚げ始める。**

9 にコーンフレークごろも以外の海老を入れる。入れてすぐは沈んで、ほんの少し泡が出る程度。

**11 揚げ終わり。**

上に浮いてきたら揚げ終わり。海老に火が通った証拠。火が入りすぎるとおいしくないので、揚げすぎに注意。

この揚げものでは、あまり色をつけません。

**12 網に取って塩をふる。**

手早く網に取り出し、すぐに塩をふって味をつけ、油をきる。

**13 コーンフレークごろもを揚げる。**

油温を少し下げ、コーンフレークごろもの海老を入れる。

コーンフレークは焦げやすいので、いったん油の温度を少し低めにして揚げましょう。

**14 浮いてきたら引き上げる。**

沈んでいた海老が浮き上がったら揚げ終わり。引き上げて網に上げ、塩をふる。

クラッカー揚げのアレンジレシピ

## 海老のクラッカーはさみ揚げ

おもてなしのときなら、少し手をかけた揚げものはいかがでしょう。材料は海老のクラッカー揚げとほぼ同じですが、こんなに姿が変わります。

**材料（2人分）**

海老 …… 4尾
クラッカー …… 6枚

◎天ぷらごろも
- 小麦粉（薄力粉）…… 50g
- 水 …… 70㎖

薄力粉 …… 適量
塩 …… 適量
揚げ油 …… 適量

**作り方**

1 海老はp.44の 2 〜 4 と同様に下処理し、包丁で叩いて粗めのすり身にする。

2 クラッカーに刷毛で薄く薄力粉をまぶし、1 を塗る。クラッカーでサンドする。

3 天ぷらごろもの材料を混ぜ合わせて 2 をくぐらせ、160℃に熱した揚げ油で揚げる。この場合はすぐに浮くが、クラッカーにほんのり色がつくまで揚げる。塩をふり、切り分けて器に盛る。

## 焼きものに季節感を添える
# 前盛り野菜

和食では、季節感を大切にします。シンプルに焼いた魚や肉でも、季節の野菜をちょっと添えるだけで彩り美しく、風情が出ます。主役を引き立てる箸休めとしても大切な、前盛り野菜をご紹介します。その名の通り、皿の中では主役の手前右側に盛るのが基本です。

## 春

### 菜の花のからししょうゆびたし

菜の花をさっと塩ゆでにし、ひたし地（だし汁7：しょうゆ1：酒1で合わせ、溶きがらしを合わせたもの）に浸ける。汁気を絞り、盛る。だし汁は、一番だしでも二番だしでもよい。

### 木の芽おろし

大根をおろし、ざるに入れて水にさっと浸け、軽く水気を絞る。木の芽を刻み、大根おろしと混ぜる。盛るときに山高に形を整えるとよい。

## 夏

### きゅうりもみ

きゅうりを小口切りにし、塩分濃度1.5％の塩水（500㎖の水に7.5gの塩を溶かしたもの）に浸け、しんなりしたら水気を絞る。炒り白ごまをふる。

### はじかみしょうが

新しょうがを包丁で形を整え、さっとゆでる。甘酢（酢50㎖、水50㎖、砂糖大さじ1、塩少量を混ぜ溶かしたもの）に浸ける。

## 秋

### 柚子大根

大根を拍子木切りにし、塩分濃度1.5％の塩水（500㎖の水に7.5gの塩を溶かしたもの）に浸ける。しんなりしたら水気を絞る。浸け地（水3、酢2、塩0.2を溶かしたもの）に大根と柚子の皮のせん切りを浸ける。

### 焼き栗

栗の甘露煮（瓶詰め）の水気を拭き取り、魚焼きグリルで一部にこんがりと焼き色がつくまで焼く。

## 冬

### 梅花長いも

長いもを梅形などにぬき、塩分濃度1.5％の塩水（500㎖の水に7.5gの塩を溶かしたもの）に浸ける。しんなりしたら水気をきり、甘酢（「はじかみしょうが」と同じ）に小口切りの赤唐辛子少量とともに浸ける。

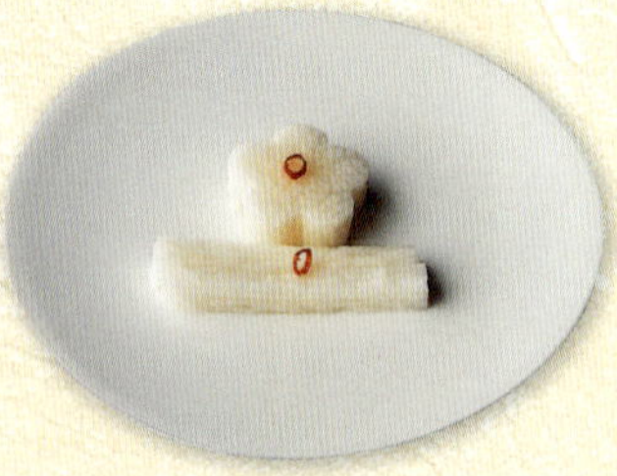

### たちばな和え

長いもは包丁で細かくたたく。柑橘類の果肉（オレンジ、みかん、きんかんの薄切りなど）を混ぜる。

第２章

# 煮もの

家庭料理らしいおいしさが生きるのが、煮もの。

煮るときの湯気や香りもごちそうです。

野崎料理長の、火を入れすぎない素材のおいしさを

存分に楽しめる料理の数々をご紹介します。

家族みんなで囲んでいただく鍋ものの極意もお教えします。

シンプルな煮魚料理の基本中の基本。
魚に塩をしておくこと、それが極意。

# さわらの淡煮

## 料理のおいしさとは、素材の味がすること

「淡煮《あわに》」というのは、私が考えた料理名です。和食のおいしさとは、決して旨みが強いことではありません。淡い味つけで、素材の淡い味をしみじみおいしいと感じることだと思っています。そういった点でも、私の煮ものの原点となるのがこの料理です。まず何より大事なのは、魚に塩をすること。素材と煮汁が簡単に行き来できる**“味の道”を作って、短時間でも煮汁に素材の旨みが移るようにします。**

この“短時間”が、今の時代はとても大事です。今、スーパーで売られている素材に、そんなに鮮度の悪いものはない。火を通して殺菌するほど火を入れる必要はないんです。「**切り身魚は5分以上煮ない**」。これが私の煮魚料理のメソッド。これなら身が柔らかくジューシー、旨みをたっぷりとたくわえたままでいられるから、食べたときに素材の味を存分に味わえる。“味の道”があるから短時間加熱が可能になって、誰でも失敗なく作れます。フランス料理の美食の世界ではすでに、余熱調理が主流になっていますね。和食もいいところは見習わなくては！

## “味の道”があれば、煮汁は水でいい

“味の道”があれば素材と煮汁が簡単に行き来できる、とお伝えしました。この料理ではさわらを使いましたが、他の魚でも作れますし、どの魚でもやり方は同じです。煮汁に魚の旨みが移るので、煮汁にだし汁は必要ありません。水でいいんです。だし汁を使って、かつおと昆布の旨みによって魚のおいしさが相殺されたら、本末転倒になりかねません。素材の“固有名詞の味”が味わえるのが、和食の魅力なんです。旨みも濃すぎると食べ飽きします。決して旨すぎない、でもほっとして毎日でも食べたくなる味、皆さんにも知ってほしいと思います。

**材料（2人分）**

さわらの切り身（60gのもの）…… 2切れ
塩 …… 適量
生しいたけ …… 2個
長ねぎ …… 1本
豆腐（40gに切ったもの）…… 2個
わかめ（もどしたもの）…… 30g
せり …… ½束

**煮汁** 16：1：1
- 水 …… 400mℓ →16
- 薄口しょうゆ …… 25mℓ →1
- 酒 …… 25mℓ →1
- 昆布 …… 5cm角1枚

**準備**

◎ 生しいたけは軸を切り落とす。
◎ 長ねぎは5cm長さの筒切りにし、表面に2〜3本、斜めの切り目を入れる。
◎ わかめは食べやすく切る。
◎ せりはさっとゆでて水気をきり、5cm長さに切る。

長ねぎは火が通りにくいので、表面の繊維を切るように斜めに切り目を入れておくと早く煮えます。

## さわらの淡煮の作り方

### 1 さわらに塩をする。

バットに塩をふり、さわらをのせて上からも塩をふる。そのまま30分おく。

このときの塩の量は、それほど気にしなくてもかまいません。あとから洗い落とします。

### 2 野菜を湯通しする。

鍋に湯を沸かし、網杓子に生しいたけと長ねぎをのせて湯に入れ、30秒ほど浸けて引き上げ、水気をきる。

しいたけと長ねぎは、意外に臭みがあります。ここで落としておくと、すっきりとした味に仕上がります。

### 3 さわらを霜降りにする。

穴杓子にさわらをのせ、2の湯にくぐらせる。うっすら白っぽくなったら引き上げる。

野菜を湯通しした2の鍋でかまいません。動物性の素材を先に湯にくぐらせると使い回しできないので、最後に行います。これは他の料理でも同じです。

### 4 冷水に取る。

さわらを冷水に取り、指でなでるようにして表面の汚れやぬめりを落とす。

意外に汚れが残っているので、軽く、きれいに洗いましょう。

### 5 鍋に材料を入れて煮始める。

別の鍋に豆腐と4のさわら、2の生しいたけ、長ねぎ、煮汁の材料を入れ、中火にかける。

さわらは霜降りしてあるので、冷たい煮汁から煮始めます。これで煮すぎることなく、煮汁にもさわらの旨みが移ります。

### 6 わかめを加える。

沸いたら火を弱め、わかめを入れる。静かに沸き立つ状態を保って1～2分煮る。

### 7 煮上がり。

さわらに火が通って、煮汁に旨みが移ったら煮上がり。盛りつけて、せりをのせる。

魚に火が通ったら終わり、ぐらいの短時間です。それでも“味の道”があるから、煮汁にさわらの旨みが存分に出ています。

## Chef's voice

「鍋からいい香りがしたら煮終わり」、私はよくこう教えています。煮る時間は短いですから、鍋の中の状態を見て、香りをかいでみてください。おいしそうな、いい香りがしたら火は通っています。そしてその香りを覚えておくといいですね。

# 【和食の展開術】 塩をした魚を使って

魚に塩をして“味の道”を作っておけば、さまざまな料理に展開できます。だしたっぷりの麺も、吸いものも、簡単に旨み豊かで体にじんわりしみわたるおいしさに仕上がります。

## さばのにゅうめん

何となく食欲がないときや夜食に、胃に負担なくいただける温かいそうめん、にゅうめん。だしをとって、具を用意して……となると面倒ですが、さばの切り身に塩をするだけで、おいしいだしと具とが一度に作れます。

**材料（2人分）**

さばの切り身（15gのもの）
……4切れ
塩……適量
そうめん……100g
生しいたけ……2個
長ねぎ……5cm長さを4本
しょうが……10g
Ⓐ
水……600mℓ
薄口しょうゆ……30mℓ
酒……10mℓ
昆布……5cm角1枚
青柚子の皮（せん切り）……適量

**作り方**

1 さばは両面に薄く塩をふって20～30分おく。

2 生しいたけは軸を切り落とし、長ねぎは表面に斜めに切り目を入れる。しょうがは薄切りにする。

3 鍋に湯を沸かし、ざるに2を入れて30秒ほど浸け、引き上げる。1は網杓子にのせて湯に浸けて霜降りにし、水に取って水気をきる。

4 別の鍋にⒶ、3を入れて中火にかける。同時に別の鍋に湯を沸かし、そうめんをゆで始める。

5 4の煮汁が沸騰したらゆでたそうめんを入れ、ひと煮立ちさせる。器に盛り、青柚子の皮を添える。

## 金目鯛の吸いもの

魚に“味の道”がついていれば、おいしいだしがすぐにとれるから、吸いものも簡単。だし汁をとらなくても、魚の旨みと昆布で、充分においしくなります。金目鯛以外の白身魚や青魚など、どの魚でも作ることができます。

**材料（2人分）**

金目鯛の切り身（30gのもの）
……2切れ
塩……適量
黒しめじ……2本
春菊……2本
青柚子の皮（へいだもの）
……2枚
Ⓐ
水……300mℓ
薄口しょうゆ……15mℓ弱
酒……5mℓ
昆布……5cm角1枚

**作り方**

1 金目鯛は両面に薄く塩をふって20～30分おく。

2 鍋に湯を沸かし、黒しめじの根元を切り落としてざるに入れ、10秒ほど湯に浸けて引き上げる。続いて1を網杓子にのせて湯にさっと浸けて霜降りにし、水に取って水気を拭く。

3 鍋にⒶと2を入れて中火にかけ、火が通ったら春菊を加え、器に盛る。青柚子の皮を添える。

上の鉢／荒賀文成（宙）、下の鉢／蜂谷隆之（宙）

さばの味噌煮は煮込まない。長く煮るから、不味《まず》かったんだ！

# さばの味噌煮

白いご飯のおかずとして人気のさばの味噌煮。この料理で大切なことは、何だと思いますか？　さばの旨みと味噌の風合いが感じられることですね。そのために私が皆さんにお伝えしたいのが、“**煮すぎない**”こと。しっとりと煮上がっていてほしいんです。**フレッシュな魚なんだから、長く煮る必要はありません**。

皆さんの中には、じっくり煮て、味噌の味をしみ込ませて……という方法で作るかたもいらっしゃるでしょう。それは流通のよくなかった時代、鮮度のよくない魚を手にしたやり方。しっかり火が通って安全ではあるけど、身がパサパサしてさばの旨みも弱くなる。主役であるさばの持ち味を存分に楽しめるこの作り方で、ぜひ試してみてください。素材の味が驚くほど強く感じられるはずです。

**材料（2人分）**

さばの切り身（60gのもの）……4切れ
塩……適量
しょうが（薄切り）……3〜4枚

◇ 煮汁

- 水……100㎖
- 酒……100㎖
- 田舎味噌……大さじ3（50g）
- 砂糖……大さじ2
- 酢……15㎖

水溶き片栗粉（水小さじ1、片栗粉小さじ1）
……小さじ2
長ねぎ（白髪ねぎを作る➡p.55）
……4cmを2本

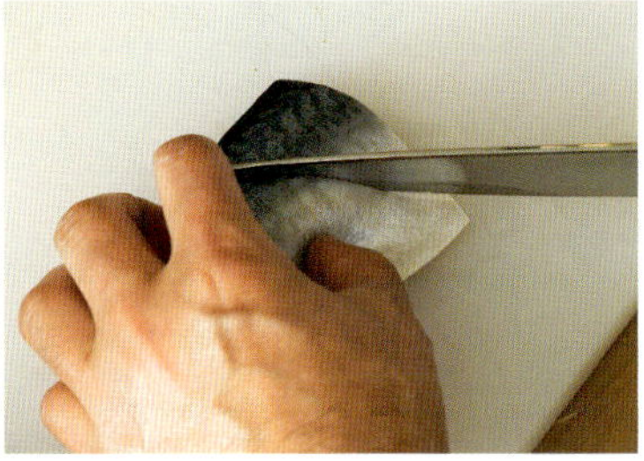

### 1 さばの皮に飾り包丁を入れる。

さばの切り身それぞれの皮に、十文字に切り目を入れる。

煮る時間が短いので、切り目を入れて味をしみ込みやすくします。また姿も美しくなることから、「飾り包丁」と呼ばれます。

### 2 さばの両面に塩をふる。

バットに塩をふり、1を置いて上からも塩をふる。そのまま10分おく。

これで下味がつき、煮汁と素材が行き来できる“味の道”ができます。

### 3 さばを霜降りにし、冷水で洗う。

鍋に湯を沸かし、水を少し加えて90℃ぐらいに調整する。2を網杓子にのせて湯に浸け、うっすら白く色が変わったら引き上げる。冷水に取り、指で表面をこすりながら汚れを落とす。ペーパータオルなどで水分をやさしく拭き取る。

### 4 煮汁を混ぜ合わせる。

ボウルに田舎味噌を入れ、砂糖を混ぜ合わせる。残りの材料を少しずつ加えて溶きのばす。

### 5 鍋に材料を入れて煮始める。

別の鍋に3の皮を上にして並べ、4を注ぎ入れる。落とし蓋をして中火にかけ、煮る。

盛りつけの姿が美しくなるよう、上になる皮側を上にして煮ていきます。

### 6 やさしく煮ていく。

沸いたら弱火にし、落とし蓋のまわりにほんの少し泡が立つ状態を保ちながら、コトコトと5分煮る。

いったん沸いたら火加減はあまり強くしません。やさしく、やさしく煮てください。

### 7 さばを取り出し、煮汁を煮詰める。

煮汁が半分ほどになったら、さばをいったんていねいに取り出す。火加減を強めにし、煮汁を沸かしてしょうがを加え、煮汁が$1/3$ほどになるまで煮詰める。

しょうがは香りだけを生かしたいので、煮終わり間近に加えましょう。

### 8 とろみをつける。

煮汁が軽く沸き立つ状態で水溶き片栗粉を加え、全体によく混ぜて軽くとろみをつける。

とろみを濃くしすぎると仕上がりが美しくないので、ゆるめにします。

### 9 さばを戻し、からませる。

煮汁が軽く沸いた状態を保ち、7で取り出したさばをそっと戻し入れる。スプーンなどでさばに煮汁をかけながら、全面に煮汁をまとうぐらいまでからませる。器に盛り、白髪ねぎを添える。

 浅鉢／木曽志真雄（宙）

煮るけど“煮ない”。
これで、素材の味を存分に楽しめます。

# めばるの煮付け

## 長く煮るから身質がパサパサになる

今の時代、ご家庭の魚料理では切り身を使うことが多いですね。しかし、骨付きの一尾魚を使うと、また全然違うおいしさが味わえます。

一尾魚でも、他の煮魚と同じように煮すぎないことが大切です。魚は煮込むから、身質がパサパサになって不味くなる。それを避けるため、冷たい煮汁から火にかけて、いったん沸いたらコトコトの火加減で、5分ほどやさしく煮て引き上げます。**一尾魚は10分以上煮てはいけません。**次に煮汁だけ煮詰めたら、魚を戻して煮からめるだけ。身の周りを皮がおおっているので切り身よりもやわらかく火が入って、よりしっとりと煮上がり、箸を入れると身がほろりとほぐれ、旨みが口に広がります。

## 煮汁に酒を使う理由

煮すぎないためには煮汁もポイントです。まず量は少し少なめ。その代わりに落とし蓋をして煮汁を対流させ、鍋全体に行きわたらせます。煮汁の水分500㎖の内訳は水300㎖、酒200㎖。**蒸発しやすい酒は“捨て水”として使います。**魚を煮る間は煮汁の量がたっぷりほしいけれど、取り出した後はできるだけ早く減らしたい。そこで早く蒸発する酒を使うわけですが、酒が蒸発するときに一緒に魚の臭みなども飛んでクリアな味になるので、一石二鳥です。

煮魚は、ごぼうやしいたけなどと一緒に煮ると1皿で栄養バランスのよいおかずになります。植物性と動物性の旨みの相乗効果で、おいしさも増幅。今回はどの季節にも作れるよう、ごぼうと生しいたけを使いましたが、春ならゆでたけのこ、夏ならなす、秋は下ゆでしたれんこんや里いも、冬はゆで大根などでもいいでしょう。

**材料（2人分）**

めばる（うろこ、内臓、えらを取ったもの）
…… 1尾
ごぼう（5cm長さ）…… 2本
生しいたけ …… 2個
しょうが（薄切り）…… ひとかけ分
さやいんげん …… 4本
長ねぎ（白髪ねぎ用）…… 4cmを2本

◇ 煮汁　5：1：1

水 …… 300㎖
酒 …… 200㎖
→5
しょうゆ …… 100㎖ →1
みりん …… 100㎖ →1
（お好みで）砂糖 …… 大さじ2

ここでは一尾魚でご紹介しましたが、切り身でも作れます。さわらやぶり、金目鯛などでもいいでしょう。ただし煮る時間は調整してください。一尾魚では5分煮たところを、2〜3分でかまいません。

**準備**

◉ ボウルに氷水を用意しておく。
◉ さやいんげんをゆで、半分に切る。
◉ 長ねぎで白髪ねぎを作っておく。縦に切り目を入れて開き、外側の白い部分をまな板に広げ、繊維に沿って縦に細切りにし、水に放す。

## めばるの煮付けの作り方

### 1 野菜の準備をする。

ごぼうを縦半割りにして、すりこ木などで叩く。生しいたけの軸を切る。

ごぼうは堅いので、叩いて繊維をほぐし、表面積を広げることで味がしみ込みやすくなります。

### 2 めばるに飾り包丁を入れる。

めばるの身の厚い部分（背びれ近く）に、斜め十文字に切り目を入れる。裏面も同様にする。

この場合、あらかじめ塩をふりません。皮に塩はしみ込まないので、意味がないからです。

### 3 鍋に80℃ぐらいの湯を用意。

鍋に80℃ぐらいの湯を沸かす。

温度計がなければ、沸騰した湯1ℓに水道水300mℓを加えると、80℃前後になります。

### 4 野菜と魚を湯通しする。

ざるに**1**を入れて**3**の湯に入れ、箸でほぐしながら10秒ほど浸け、水気をきる。次にめばるを網杓子にのせ、同じ湯に浸ける。飾り包丁の切り目がうっすら白くなり、背びれが立ったのを目安に引き上げる。

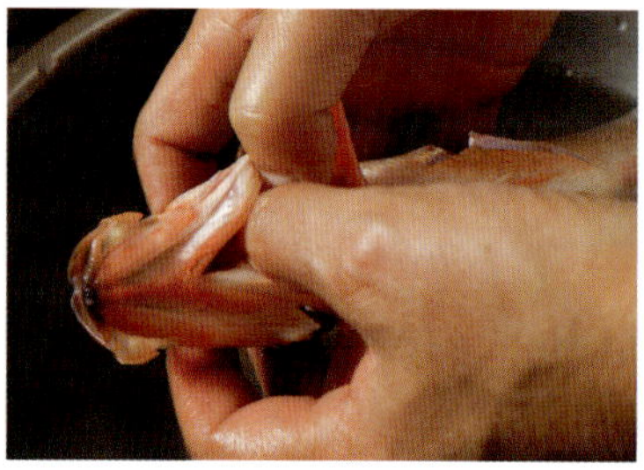

### 5 氷水でめばるの汚れを落とす。

氷水に入れ、表面に残っているうろこやぬめり、腹の中の汚れなどを落とす。

ここではできるだけ冷たい水を使います。ゼラチンが固まるので、皮がズルズルはがれません。

### 6 水気を拭き取る。

布巾やペーパータオルに**5**のめばるをのせ、そっと押さえるようにして腹の中までしっかり水気を拭き取る。

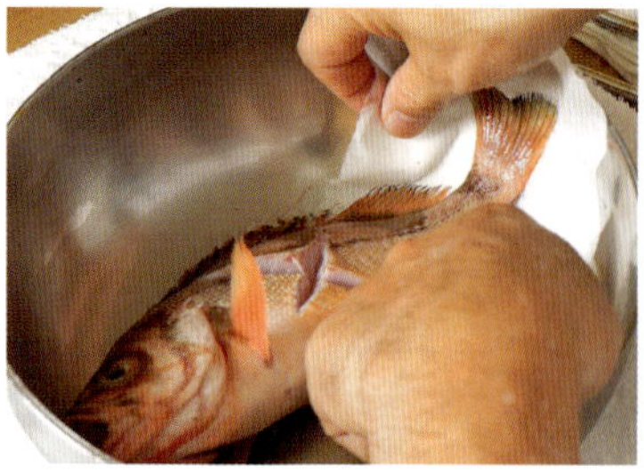

### 7 めばるを鍋に入れ、尾びれをガード。

別の鍋にめばるを入れ、尾びれの下にオーブンシートやアルミ箔を敷いて、鍋肌に直接触れないようにする。

この鍋の大きさが大事。魚に煮汁がひたるくらいのサイズを選びましょう。魚は盛ったときに上になる面を上にします。

### 8 煮汁と野菜を加える。

**7**の鍋に煮汁の材料をすべて入れ、**4**で湯通ししたごぼうと生しいたけも入れる。

### 9 落とし蓋をして煮始める。

中火にかけ、落とし蓋をして煮る。沸いたら火を弱め、落とし蓋のまわりにほんの少し泡が立つ状態を保ちながら、コトコトと煮る。

火加減はあまり強くなくていいです。やさしく、やさしく煮てください。

**10 5分ほど煮る。**

5分ほど煮て、めばるに六〜七割がた火を入れる。

**11 めばるを取り出す。**

フライ返しなどですくい、めばるがくずれないように注意しながらそっと取り出す。

めばるは身が柔らかいので、美しい姿が保てるよう、扱いに注意しましょう。

**12 煮汁を煮詰める。**

火加減を少し強くし、煮汁が沸き立つ状態を保ちながら煮詰めていく。量が半分ほどになって色が濃くなり、泡にツヤが出てくる。

煮汁を煮詰めるととろりと濃度がついて、口あたりもよくなります。

**13 めばるを戻し入れる。**

再びフライ返しでめばるをそっと鍋に戻す。

このときも、盛りつけるときに上になる面を上にして入れます。

**14 再び尾びれをガード。**

尾びれの下にオーブンシートなどを敷いて、焦げるのを防ぐ。とくに煮汁が煮詰まっているので焦げやすい。

**15 煮汁をかけながら煮る。**

鍋を斜めに傾け、煮汁をスプーンなどですくってめばるにかけながら、全体にからませる。

**16 しょうがを加える。**

煮汁が最初の$\frac{1}{3}$量ほどになり、沸き立つ泡が細かくツヤツヤになってきたら、しょうがを加える。

**17 煮上がり。**

しょうがの風味が煮汁に移ったら煮上がり。しいたけ、ごぼうとともに器に盛り、煮汁をたっぷり張る。ゆでたいんげんと白髪ねぎを添える。

煮汁はドレッシング。揚げて軽く煮てからませたら、でき上がり。

# かれいのみぞれ煮

「みぞれ煮」というのは、大根おろしと一緒に煮たときに使う料理名。大根おろしの白い姿が、まるでみぞれが降っているように見えることからついた名前です。美しい言葉で表現するのは、和食ならではですね。

この料理は、いわゆる“揚げ煮”です。魚に小麦粉のころもをつけて揚げ、八割がた火を入れてから煮るので、**煮加減はあまり神経質にならなくてもいい**。味をからませるだけで大丈夫。この煮汁は、ドレッシングのようなもの。煮汁を大根おろしでつないで、素材に充分にからみやすくしているんです。

このように**煮る時間が短いので、煮汁にはだし汁を使います。**煮汁に魚からの旨みが移らないので、だし汁を使うのです。さらに煮汁が大根おろしで薄まり、魚には煮汁の味がしみ込まないので、やや濃いめの味つけにします。

**材料（2人分）**

**かれいの切り身**（25gのもの）…… **6切れ**
**大根おろし**（軽く水気を絞ったもの）…… **60g**
**三つ葉**（3cm長さに切る）…… **1/3束分**

**煮汁** 10：1：1
- **一番だし**（➡p.11）…… **300mℓ ➡10**
- **薄口しょうゆ** …… **30mℓ ➡1**
- **みりん** …… **30mℓ ➡1**

**薄力粉** …… **適量**
**揚げ油** …… **適量**
**七味唐辛子** …… **適量**

魚は他の白身魚の切り身でもおいしく作れます。豚肉や鶏肉でもいいでしょう。

### 1 刷毛で薄力粉をまぶす。

刷毛に薄力粉をつけ、かれいの切り身に薄くまぶす。両面とも全体に行う。

魚のまわりに薄く膜を作って、火を間接的に入れたいので、小麦粉は薄く。

### 2 かれいを170℃で揚げる。

揚げ油を170℃に熱し、1を入れる。

### 3 八割火が入ったら揚げ上がり。

うっすらきつね色がつき、火が八割がた通ったところで引き上げる。

あとから煮るので、ここで完全に火が入らないように。

### 4 煮始める。

鍋に煮汁の材料を入れて3を加え、中火にかける。

### 5 大根おろしを加える。

軽くひと煮立ちしたら、大根おろしを加える。

### 6 大根おろしをなじませる。

大根おろしをほぐしながら煮汁と混ぜる。

ドレッシングをからませるイメージです。

### 7 三つ葉を加えて煮上がり。

沸き立ったら三つ葉を加え、全体に広げてさっと煮る。三つ葉がしんなりしたら煮上がり。器に盛り、お好みで七味唐辛子をふる。

## 落とし蓋をするとき、しないとき

落とし蓋をするのは、煮汁が少ないとき。煮汁が少なくても、沸くと蓋に当たってシャワーのように全体に行きわたるわけです。では、煮汁が多いときには落とし蓋をする必要はないのでしょうか？　しません。素材の臭みが蒸発できずに、煮汁にこもってしまいます。なお、落とし蓋はこの重さが大切。煮汁が沸き立っても浮かないからこそ、役割を果たすんです。アルミ箔では意味がありませんよ。

脂ののった魚を
さっぱり食べたいなら。

# いわしの酢煮

酢煮《すに》は、その名の通り、酢が味のポイントとなっている煮もの。どちらかというと脂っ気のある青魚や鶏もも肉などを、さっぱりと食べたいときの料理です。

ここで使ったいわしは“光りもの”と呼ばれる魚の1つで、美しく銀色に光った皮もとても大切。でもこの皮はデリケートで、**高温に入れるとはじけやすいので、霜降りも70℃の湯で行います**。ここでも他の煮魚と同じように煮すぎないことが大切ですが、とくにいわしは小さいので短時間でいい。煮終わりに煮汁が澄んでいたら、鮮度のいいいわしを使った証拠です。

「煮魚にトマトなんて！」と思われるかもしれませんが、酢の酸味とトマトの甘酸っぱさがとてもよく合います。トマトは旨みが強く、それ自体が“だし”になる素材。**野菜の旨みと魚の旨みの相乗効果で、調味料が少なくてもとてもおいしく**なります。

**材料（2人分）**

いわし……6尾
塩……少量
生しいたけ（軸を切り落とす）……2個
長ねぎ……5cmを4本
トマト（皮を湯むきしてくし形切り）……½個分（80g）
しょうが（薄切り）……1かけ分

**煮汁 6：1：1：1**

- 水……150mℓ
- 酒……150mℓ →6
- しょうゆ……50mℓ →1
- みりん……50mℓ →1
- 酢……50mℓ →1

絹さや（さっとゆでる）……2枚

### 1 いわしをおろし、70℃の湯を用意。

いわしはうろこをかいて頭を落とし、腹を斜めに切り落として内臓をかき出す。薄い塩水をボウルに入れ、いわしの腹の中をきれいに洗う。鍋に1ℓの湯を沸騰させ、400mℓの水を加えて70℃くらいにする。

### 2 いわしを霜降りにする。

いわしを網杓子にのせて1の湯に浸け、身がうっすら白っぽくなったら引き上げる。

いわしの皮はデリケートなので、はじけないよう低めの温度で霜降りにします。

### 3 冷水に取る。

2のいわしを冷水に取り、指でなでて表面のぬめりや腹の中の汚れを落とす。ペーパータオルで水気をやさしく拭き取る。

氷水でもかまいません。できるだけ冷たいほうが皮のゼラチンが固まり、ズルズルとむけることもありません。

### 4 鍋にいわしと煮汁、野菜を入れる。

鍋に3を重ならないように並べ、煮汁の材料と生しいたけ、長ねぎを入れる。

いわしがぴったり入る大きさの鍋を用意しましょう。いわしを重ねて煮ると火入れムラができるだけでなく、皮がこすれてはがれることがあります。

### 5 落とし蓋をして煮始める。

落とし蓋をし、中火にかける。煮立ったら火を弱め、沸き立つ泡がときどきポコッポコッというぐらいの弱めの火加減を保ちながら、5分ほど煮る。

### 6 トマトとしょうがを加える。

鍋にトマトとしょうがを加え、そのまま軽く沸き立つ火加減で煮る。

しょうがは臭みを抑えるために入れると言われますが、ここでは光ものの脂っ気を和らげて、すっきりといただけるよう、薬味として使っています。

### 7 トマトが温まったら煮上がり。

トマトが温まり、煮汁にしょうがの香りが移ったら煮上がり。器に盛り、絹さやを添える。

## いわしの煮ものの上手な食べ方

1 箸で背側と腹側から軽く押さえる。こうすると身が骨から簡単にはずれる。

2 上の身をつまみ、持ち上げて尾まではがす。

3 箸で尾を持ち、頭側に返すと骨がはずれる。身を煮汁にたっぷりつけていただく。

余熱で半生に仕上げる、簡単で失敗しない
方法をお教えしましょう。

# 和風ローストビーフ

“ローストビーフ”ですが、私の方法はフライパン“蒸し煮”。このほうが簡単に作れて失敗なし、道具も少なくてすみます。

蒸し煮するといっても加熱する時間はとても短く、**ほとんどが余熱調理**。時間が作ってくれるので、手がかかりません。ポイントは2つ。1つは加熱前に肉を芯まで常温にもどしておくこと。芯が半生になるように火を通したいので、冷たいままでは熱が伝わりません。そして、肉がちょうどぴったり入るサイズのフライパンか厚手の鍋を使うこと。蓋ができることも大切です。

牛肉は、断面が最低でも5～6cm角あるかたまり肉を。これは必ず守ってください。**厚みがないと、中心に早く火が入って半生に仕上がりません**。また5～6cm角なら、お箸でつまんでひと口で食べられます。皿の上でナイフを使わないのも、和食のポイントです。

**材料（作りやすい分量）**

牛ももかたまり肉（常温にもどす）…… 400g
長ねぎ（みじん切り）…… 1本分
大葉（みじん切り）…… 10枚分
塩・こしょう …… 各適量
サラダ油 …… 大さじ3
Ⓐ 酒 …… 45mℓ
Ⓐ しょうゆ …… 30mℓ
Ⓐ 水 …… 30mℓ
水あめ …… 大さじ1

**薬味**

黄身おろし（軽く水気をきった大根おろし½カップ、卵黄1個）…… 適量
すだち（半割り）…… 1切れ
クレソン …… 適量

## 1 牛肉に塩、こしょうをふる。

バットに牛肉をのせ、たっぷりめの塩とこしょうをふる。転がしながら全体にまんべんなくふる。そのまま15分ほどおく。

本当は肉には塩をふらないほうが旨みの肉汁が出ずにいいのですが、味つけが淡白なのでここで軽く下味をつけます。

## 2 牛肉の表面を焼く。

フライパンにサラダ油を入れて強火で熱し、1を入れる。転がしながら表面全体を焼く。断面も立てて、色が変わるまできちんと焼く。

焼く間に、鍋に熱湯を沸かして準備しておいてください。

## 3 湯通しする。

2を取り出し、沸かしておいた熱湯にさっと浸ける。余分な塩分や油、汚れを落とし、引き上げる。

ここで余分な塩は落ちるので、最初にふる塩の量はそれほど厳密でなくてもいいんです。

## 4 煮汁を作って煮始める。

直径16cmくらいの肉がぴったり入るサイズのフライパンにⒶを入れて火にかける。ひと煮立ちしたら長ねぎ、大葉を入れてなじませる。3を入れ、転がして煮汁を全体にからませる。断面も立てて、煮汁をからませる。

## 5 蒸し煮にして取り出す。

ごく弱火にし、蓋をして10分ほど煮る。途中、ときどき転がしてたれをからませる。牛肉をバットに取り出し、そのまま常温におく。

蒸し煮のようにしたいので、ぴったりと密閉できる蓋を使ってください。

## 6 煮汁に水あめを加える。

フライパンを強めの中火にかけ、残った煮汁を沸かし、水あめを加えて混ぜ溶かす。

水あめは、甘みをつけるのが目的ではありません。水あめの保湿力で表面をしっとり保ち、冷めるにつれてとろみがつく性質で牛肉にからませるためです。

## 7 煮汁を煮詰めてたれを作る。

混ぜながら煮詰め、泡が大きくなり濃度がついてきたら煮詰め終わり。これがたれになる。

泡が大きくなったら、たれができた目安。ここでは少しゆるくても、冷めるにつれて濃度がつくので大丈夫。

## 8 牛肉にたれをかける。

あつあつの7を5の牛肉全体に回しかける。

## 9 アルミ箔をかぶせて冷ます。

すぐにアルミ箔をかぶせ、すき間ができないようバットの端をぴっちりと押さえ、できるだけ密閉する。このまま常温で牛肉の粗熱をとり、5mm幅の薄切りにして器に盛り、たれをかける。黄身おろしの材料を混ぜ、薬味を添える。

上の鉢／長森 慶（宙）、下の鉢／吉井史郎（宙）

白いご飯が進む味、おかずを主役にする味、2つのタイプをお教えします。

# 筑前煮2種

## 食べる目的によって、味つけを変えてみましょう

筑前煮は、和食を代表する人気の煮物ですね。時代や目的によって、求められる味が異なってきました。

私の小さい頃、白いご飯が食卓の主役だったときは、筑前煮は白いご飯が進むようにこってりとした濃い味つけでした。油で炒めて、甘みの勝った煮汁でツヤツヤに煮つけてあって。お弁当に入れるなら、今でもやっぱりこの味ですね。昔は鍋や火口の数も今ほど多くなかったので、1つの鍋で炒めて、煮て、完成できることは大事だったのだと思います。

ところが今、1人あたりのお米の消費量がぐっと減っています。それに伴って、おかずが食卓の主役になり、酒肴としても楽しみたいとなると、それだけを食べてちょうどよい味の濃さが求められています。すっきりと上品で、素材の味が全面に出るようなタイプです。

そこで、**目的の違う2タイプの筑前煮の作り方**を、素材も調味料も同じものを使ってご紹介します。違いを楽しんでください。

## 切り方と配合を変えて、それぞれの味に

使う素材と調味料は同じですが、火の通りにくいごぼうとにんじん、れんこんの切り方、調味料の配合は違います。炒める昔ながらのタイプは長く煮るので乱切りで大ぶりに、下ゆでする今どきのタイプは煮る時間が短いので薄切りにします。調味料も前者はしょうゆの量を多めにしてコクをつけ、煮汁を具材にからませるので濃厚な味に。後者はしょうゆを濃口と薄口を半々にしてすっきりさせます。

鶏肉の扱いは、最初に炒めて脂をコクづけに使うか、霜振りして落とすかの大きな違いがありますが、**煮すぎて堅くならないようにする**のは同じ。根菜にほぼ火が通ってから加えて、軽く煮てください。鉄則です。

### ◆昔ながらの筑前煮

**材料（作りやすい分量）**

鶏もも肉……250g
里いも……200g
ごぼう……50g
にんじん……100g
れんこん……120g
生しいたけ……4個
こんにゃく……½枚（130g）
サラダ油……大さじ3

Ⓐ煮汁
- 水……500㎖
- しょうゆ……75㎖
- みりん……60㎖
- 砂糖……大さじ1

長ねぎの青い部分……1本分
さやいんげん……3本

**準備**

◉さやいんげんをゆでる。

### ◆今どきの筑前煮

**材料（作りやすい分量）**

鶏もも肉……250g
里いも……200g
ごぼう……50g
にんじん……100g
れんこん……120g
生しいたけ……4個
こんにゃく……½枚（130g）

Ⓐ煮汁
- 水……500㎖
- しょうゆ……30㎖
- 薄口しょうゆ……30㎖
- みりん……60㎖
- 砂糖……大さじ1

昆布……7cm角1枚
絹さや……4枚

**準備**

◉絹さやをゆでる。

## 昔ながらの筑前煮の作り方

### 1 具の準備をする。

里いもは皮を六方にむき（➡p.77）、乱切りにする。皮付きのごぼう、にんじん、れんこんは一口大の乱切りにする。生しいたけは軸を切り落とし、こんにゃくはスプーンで一口大にちぎる。鶏肉を一口大に切り分ける。

### 2 鶏肉を炒めて取り出す。

鍋にサラダ油を入れ、中火にかけて鶏肉を入れて炒める。表面が白っぽくなるまで炒めたら、いったん鶏肉を取り出す。

鶏肉を下炒めして脂を出したら、いったん引き上げます。この脂は旨みづけになるので鍋にそのまま残してください。

### 3 根菜などを炒める。

鶏肉を取り出した2の鍋に1の残りの具をすべて入れ、炒めて全体に油を回す。長ねぎの青い部分も加え、軽く炒め合わせる。

ねぎの青い部分を入れると、香りが立っておいしくなります。捨ててしまいがちですが、煮ものに使ってください。

### 4 煮汁を加える。

煮汁の材料を合わせて、すべて加える。

### 5 落とし蓋をして煮る。

強火にかけて落とし蓋をする。煮立ったら火を少し弱め、煮汁が沸き立つ状態で煮ていく。

### 6 鶏肉を戻し入れる。

煮汁が半分ほどまで煮詰まったら長ねぎの青い部分を取り出し、2の鶏肉を戻し入れ、全体に混ぜて煮汁をなじませる。

心配なら、里いもの火の通り具合を確かめてみてください。竹串が刺されば大丈夫です。

### 7 煮汁が沸き立つ状態で煮ていく。

煮汁が沸いて泡が出続ける状態で煮て、煮汁をさらに煮詰めていく。

強めの火でポコポコ沸いた状態で煮詰めていってかまいません。味が深くなり、濃くからんで、白いご飯の進む味になります。

### 8 煮汁を煮からめる。

スプーンで煮汁をかけながら煮からめる。

### 9 煮上がり。

煮汁がほとんどなくなったら煮上がり。鶏肉を加えてからは、2分ほど煮るのが理想。器に盛り、さやいんげんを散らす。

## 今どきの筑前煮の作り方

### 1 具の準備をする。

里いもは皮を六方にむき（➡p.77）、乱切りにする。皮付きのごぼうは斜め薄切りに、れんこんは縦半分に切って薄切りの半月に切る。にんじんは輪切りにし、生しいたけは軸を切り落とす。こんにゃくはスプーンで一口大にちぎる。鶏肉を一口大に切る。

### 2 根菜などを湯通しする。

鍋に湯を沸かし、ざるに里いも、ごぼう、にんじん、れんこん、生しいたけ、こんにゃくを入れて30秒ほど湯に浸け、水気をきって別の鍋に入れる。

この作業をすると野菜のあくや臭みが取れて、すっきりした味になる。

### 3 鶏肉を霜降りにする。

鶏肉をざるに入れ、2の湯に入れて箸でほぐし、うっすら白くなったら引き上げる。

### 4 鶏肉を冷水にとる。

3を冷水に入れて表面の汚れやあくを落とし、水気をきる。

### 5 鍋に材料を入れる。

2の根菜などの入った鍋に、煮汁の材料と昆布を入れる。

### 6 煮始める。

強火にかけて落とし蓋をする。沸騰してきたら少し火を弱め、落とし蓋から泡が沸き立つくらいの火加減で煮ていく。

### 7 あくをすくう。

ときどき落とし蓋をはずし、浮いたあくをすくい取る。

### 8 鶏肉を加える。

煮汁が半分ほどまで煮詰まったら4を加える。箸で全体を混ぜて鶏肉に煮汁をなじませたら、再び落とし蓋をして煮る。

里いもに火が通っていたら、鶏肉を入れるタイミング。

### 9 鶏肉に火を通して煮上がり。

2分ほど煮て、鶏肉に火が通ったら煮上がり。煮汁とともに器に盛り、絹さやを散らす。

上の鉢／吉村昌也、下の鉢／市野雅利（宙）

だしと味わうかぼちゃ、ホクホク煮上げたかぼちゃ。
2タイプを楽しんでください。

# かぼちゃの煮もの２種

## 料理屋のほうが家庭よりおいしいわけではない

料理屋のかぼちゃの煮ものは、たっぷりのだし汁で煮含めて、煮汁とともに味わうことが多いですね。あらかじめ仕込んで、温め直しできるようにした方法で、だしの旨みとともに上品に味わえます。一方で、ご家庭では水分がほとんどなくホクホクと煮上げることが多い。かぼちゃは水分を含むとおいしくないから、本当をいうと私は、後者のほうがおいしいと思っています。これは煮上がりをすぐに食べられる、ご家庭ならではの味ですよ。

かぼちゃは、火が均一に入るように形を切り揃えたり面取りしたり、ある程度の成形が必要です。火が通りやすいよう、皮もところどころむいてください。かすり模様のようになって色が美しくなります。成形のときに出た皮や実は、炒めものや味噌汁に入れて使い尽くすといいでしょう。面取りは“煮くずれを防ぐため”と言われますが、私は見た目の美しさのためにだけ行っています。なぜかって、**煮くずれるまで煮ないから**。煮すぎるから、煮くずれるんです。

## かぼちゃの火入れの極意

かぼちゃは皮と実で、堅さも火の通る時間も全然違います。**火が入りにくい一方で、煮すぎてもいけない**。うまくいかないと、皮と実が離れてしまいます。かぼちゃはタイミングの見極めが大事なんです。

だし汁でゆっくり含め煮にする場合は、煮汁に包まれた中で自ずと柔らかくなるので、火が通っていればOK。短時間でホクホクに煮上げるタイプのほうが問題です。堅くて火の通りにくい皮は、高温で煮続ける必要があります。ポイントはかぼちゃの皮を下にして、鍋全面に重ならないように並べ、ひたひたの煮汁から一気に煮上げること。煮汁が少なくなったら状態をよーく見て、**皮と実が離れる寸前**に煮汁にからませてでき上がり！

### ◆かぼちゃの含め煮

**材料（作りやすい分量）**

かぼちゃ …… 300g

**煮汁** 6：1：0.6

- 煮干しだし（➡p.11）…… 300mℓ ➡6
- みりん …… 50mℓ ➡1
- 薄口しょうゆ …… 30mℓ ➡0.6

煮干し（頭とわたを取る）…… 5本

### ◆かぼちゃの南蛮煮

**材料（作りやすい分量）**

かぼちゃ …… 300g

**煮汁**

- 酒 …… 150mℓ
- 水 …… 100mℓ
- みりん …… 30mℓ
- 薄口しょうゆ …… 10mℓ
- 砂糖 …… 大さじ3
- 豆板醤《トウバンジャン》 …… 小さじ½
- ごま油 …… 小さじ1

かぼちゃの含め煮の作り方

**1 かぼちゃを切って皮をむく。**

かぼちゃはわたと種を取り除き、断面を下にしてまな板に置いて3×4cm角に切る。厚みが均一になるよう、身側を平らに切り落とす。皮はところどころ数か所むく。かぼちゃの角に包丁を当て、むき取って面取りする。

**2 かぼちゃを湯にくぐらせる。**

鍋に熱湯を沸かし、ざるに1を入れて湯に1〜2分ほど浸け、水気をきる。

かぼちゃの生臭みやあくが取れて、すっきりとした味になります。

**3 鍋に材料を入れる。**

別の鍋に2と煮汁の材料を入れる。

かぼちゃが煮汁に浮くので、並べ方にとくに気を配らなくてもかまいません。

**4 煮干しも加えて煮始める。**

煮干しの頭とわたを取って加え、火にかける。

だしのおいしさで食べる料理なので、煮干しを加えて旨みを補強します。

**5 煮る。**

強火にかけ、沸騰したら弱火にし、煮汁がほとんど沸かないぐらいの弱い火加減を保ちながら、約15分煮る。

煮汁がたっぷりなので、落とし蓋の必要はありません。じっくりと煮含めてください。

**6 煮上がり。**

竹串を刺してスッと通り、かぼちゃに火が通ったら煮上がり。器に盛り、煮汁を張る。

煮上がりの目安は、かぼちゃに火が通ったかどうか。だしと一緒に食べる感覚なので、火が通っていれば大丈夫。煮すぎると皮と実が離れてしまいます。

## Chef's voice

かぼちゃには、かつおと昆布の上品なだしよりも、煮干しで取ったおかず向きの旨みのほうがよく合います。みりんを少し多めに加えて甘みを勝たせた味つけです。

また、かぼちゃの皮は厚くて堅く、そのままだと火が通りにくいので、煮すぎて煮くずれることがあります。そのため、ところどころ皮をむいて、火を通しやすくするのですが、濃い緑色と薄い緑色のコントラストも生かすことができます。

かぼちゃの南蛮煮の作り方

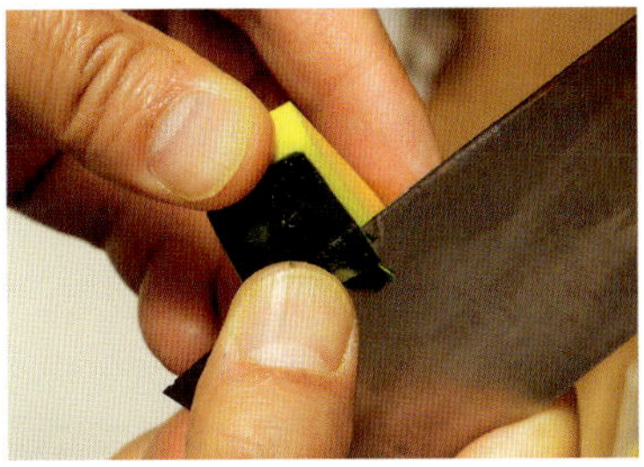

## 1 かぼちゃを切って皮をむく。

かぼちゃはわたと種を取り除き、断面を下にしてまな板に置いて3×4cm角に切る。厚みが均一になるよう、身側を平らに切り落とす。皮はところどころ数か所むく。かぼちゃの角に包丁を当て、むき取って面取りする。

## 2 鍋にかぼちゃを入れる。

鍋にかぼちゃの皮側を下にし、重ならないように並べて入れる。

鍋はかぼちゃが全面に並び、重ならないサイズのものを選んでください。重なると火入れムラが起こります。

## 3 煮汁の材料を加える。

鍋に煮汁の材料を全部入れる。

## 4 落とし蓋をして煮始める。

落とし蓋をし、強めの中火にかける。煮汁が沸き立つ状態を保つ。

## 5 強めの火加減で煮る。

煮汁がほぼなくなるまで、10分弱煮る。落とし蓋を取る。

煮上がりの目安は、実と皮の境目が割れる寸前になった状態。これ以上は煮すぎ。皮と実が離れることがあります。

## 6 煮汁をからませる。

鍋を回しながら水分を飛ばし、煮汁をからませていく。

## 7 煮上がり。

汁気がなくなり、かぼちゃの表面がホクホクの状態になったら煮上がり。

### CHECK

皮と実の間を見て、離れそうで離れない状態に煮上がる状態が、一番おいしい！

### Chef's voice

かぼちゃって意外に味にメリハリがなくて、ぼんやりと甘い。だから男性にあまり人気がないですね。でもこの南蛮煮は豆板醤やごま油でコクがついているので、どなたにも食べやすいですよ。煮汁が残っている段階で霜降りした牛肉を加えると、さらに味にメリハリがつき、おかず感が増すでしょう。

下の鉢／横山拓也（宙）

牛肉と豚肉。どちらを使っても肉じゃが。
その味わいの違いを楽しみましょう。

# 肉じゃが2種

## 肉じゃがとは何か

**料理には“こうしなければならない”ということはない**。肉じゃがも定義上は、肉とじゃがいもを組み合わせた煮もの、ですね。そこに地域性が関わってくるのが、南北に長く連なった日本の食文化の面白いところで、関西のかたに聞くと肉じゃがには牛肉を使う、と言う。でも私は関東の出身だから、小さい頃から豚肉を使っている。どちらにも違うおいしさがあります。ここではその2タイプを、私なりに考えたレシピでご紹介。味の違いが分かりやすいよう、使う素材は肉以外ほとんど同じものにしています。

牛肉を使ったほうには、相性のよい玉ねぎを加えます。この玉ねぎの甘みのおかげで、少し塩分の濃い煮汁がちょうどよい味つけになります。最初に炒める油が大さじ3とちょっと多めですが、気にしなくて大丈夫。煮ると上に浮いてきてあくと一緒にすくうので、油っこくなりません。

## 肉とじゃがいもの火の入れ具合のポイント

肉じゃがは、肉もじゃがいもも主役ですが、**やっぱり肉をおいしく食べたい**ですよね。牛肉と豚肉と種類は違いますが、おいしく煮る方法は同じです。最初に湯で霜降りにしてほぐし、汚れやあく、余分な脂を落とし、根菜が煮えてから仕上がり間際に加えます。それから**煮る時間はほんの3分ほど**。薄切り肉はとくに、必ず霜降りしてください。そのまま入れると不要な味が混じって味が濁ります。さらに煮汁に入れたときにほぐれにくく、肉同士がくっついて固まることも。煮え加減もマチマチで、おいしく煮えません。

じゃがいもの煮え加減は、割れる手前ぐらいが一番！　煮上がりを箸で割ってみてください。表面に煮汁がしみて、中は火が入ってホクホク。このコントラストが、肉じゃがのじゃがいもの魅力です。

### ◆肉じゃが 牛肉仕立て

**材料（作りやすい分量）**

牛薄切り肉 …… 200g
じゃがいも …… 100g
にんじん …… 100g
玉ねぎ …… ½個
しらたき …… 100g
さやいんげん …… 4本
サラダ油 …… 大さじ3

◇煮汁　8：1：0.8

水 …… 350mℓ
酒 …… 50mℓ
（水・酒 →8）
みりん …… 50mℓ →1
薄口しょうゆ …… 40mℓ →0.8
砂糖 …… 大さじ3

### ◆肉じゃが 豚肉仕立て

**材料（作りやすい分量）**

豚ばら薄切り肉 …… 200g
じゃがいも …… 100g
にんじん …… 100g
しらたき …… 100g
長ねぎの青い部分 …… 1本分
絹さや …… 3枚

◇煮汁　8：1：0.6

水 …… 350mℓ
酒 …… 50mℓ
（水・酒 →8）
みりん …… 50mℓ →1
しょうゆ …… 30mℓ →0.6
砂糖 …… 大さじ2

しょうゆ …… 30mℓ

## 肉じゃが 牛肉仕立ての作り方

### 1 具の準備をする。

じゃがいもは皮をむいて一口大に、にんじんは皮をむいて乱切りに、玉ねぎはくし形切りにする。しらたきは10cm長さに、牛肉を一口大に切る。

### 2 牛肉を霜降りにする。

鍋に湯を沸かす。さやいんげんをゆで、水気をきる。次に少し水を加えて湯の温度を下げ、1の牛肉をざるに入れて、湯にさっとくぐらせる。表面がうっすら白くなったら引き上げて水で洗い、水気をきる。

### 3 根菜を油で炒め合わせる。

別の鍋にサラダ油を入れて中火で熱し、1のじゃがいもを炒める。表面がうっすら透明になってきたら、にんじんを加えて炒め合わせる。玉ねぎも炒め合わせる。

### 4 しらたきも炒め合わせる。

しらたきも加え、表面の水分を飛ばすようによく炒め合わせ、油を回す。

ここで水分をよく飛ばすことで、しらたきのこんにゃく臭さが煮汁に出ません。

### 5 煮汁を加える。

煮汁の材料を順に加え、中火にかけて落とし蓋をし、強火にして煮る。

### 6 強火で煮続ける。

落とし蓋のまわりから細かい泡が沸き立つ状態を保ちながら、煮続ける。

### 7 あくを取る。

落とし蓋を取って、あくと余分な油をすくい取る。再び落とし蓋をする。

### 8 じゃがいもに火が通ったか確認。

煮汁が半分ほどになったら落とし蓋を取り、竹串を刺してじゃがいもに火が通ったどうか確認する。

肉じゃがは、じゃがいもに火が通ったらほぼ煮終わり。くずれるまで煮ないように気をつけましょう。

### 9 牛肉を加えて煮上がり。

火が通っていたら2の牛肉を加え、全体に広げる。落とし蓋をしてさらに3〜5分ほど煮て、全体に味をからませる。器に盛り、斜め切りにしたさやいんげんを散らす。

## 肉じゃが 豚肉仕立ての作り方

### 1 具の準備をする。

じゃがいもは皮をむいて一口大に、にんじんは皮をむいて乱切りにする。しらたきは10cm長さに、豚肉は4cm長さに切る。

### 2 根菜としらたきを湯通しする。

鍋に湯を沸かす。絹さやをゆで、水気をきる。1のじゃがいも、にんじん、しらたきをざるに入れ、箸でほぐしながら湯に30秒ほどくぐらせ、水気をきる。

### 3 豚肉を霜降りにする。

ざるに1の豚肉を入れ、2の湯に入れて箸でほぐし、表面がうっすら白くなったら引き上げ、水で洗い、水気をきる。

私はこの霜降りの作業を、肉や魚を煮るときにとても大切にしています。仕上がりのおいしさが全然違います。

### 4 鍋に材料を入れる。

別の鍋に2のじゃがいも、にんじん、しらたき、煮汁の材料を入れる。

### 5 落とし蓋をして煮る。

4の鍋に長ねぎの青い部分を加え、中火にかけて落とし蓋をして煮る。沸いたら火加減を調整し、泡が沸き立つ状態を保ちながら煮る。

### 6 じゃがいもが煮えたか確認。

15分ほど煮て煮汁が半分ぐらいになったら、長ねぎの青い部分を取り除き、じゃがいもに竹串を刺して煮えているかを確認する。

### 7 豚肉を入れて3分煮る。

煮えていたら残りのしょうゆを加え、3の豚肉を広げて加え、落とし蓋をしてさらに3分ほど煮て、全体に味をからませる。

肉に煮汁がからみつく程度。味はしみ込まなくて大丈夫です。

### 8 全体に混ぜて煮上がり。

箸で全体を混ぜて味をなじませ、煮上がり。器に盛って絹さやを散らす。

じゃがいもが割れる手前ぐらいに煮上がるのが理想です。

料理屋で食べるような“だしが命”の煮もの。

# 里いもの含め煮

里いもを上品に煮る、料理屋風の煮方をお教えしましょう。白いご飯のおかずというより、酒肴に向く味つけです。

この方法では**里いもをだしのおいしさで食べさせます**。つまり、だし汁のすっきりした旨みを里いもに含ませ、煮汁とともにおいしく食べるために、里いもは下ゆでして表面のぬめりなどを落とします。ゆでるときに米ぬかを加えることで、酵素が働いてふっくらゆで上がって、とてもおいしくなります。皮をむくときも、厚めに。皮の近くにある筋を取れば、里いものねっとりとしたおいしさだけが味わえます。

注意したいのは、**里いもを下ゆでしたあと、水に落とさないこと**。ゆでた後に水に落とすと、冷めるにつれてその水を吸って水っぽくなりますよ。煮るときは80～90℃を保って、決して煮立てないように。煮立てると、煮くずれてだしも濁ります。

**材料（2人分）**

里いも …… 8個

**煮汁** 約8：1：0.4

- 一番だし（➡p.11）…… 500mℓ ➡約8
- みりん …… 60mℓ ➡1
- 薄口しょうゆ …… 25mℓ ➡0.4
- 削り節 …… 5g

さやいんげん …… 4本

柚子 …… ⅙個

米ぬか …… 適量

**準備**

- ◉ さやいんげんをゆでる。
- ◉ 柚子は皮をへぎ、ごく細いせん切りにする（針柚子）。

 鉢／吉村昌也

### 1 里いもの天地を切り落とす。

里いもは洗ってよく泥を落とし、ペーパータオルで水気をよく拭き取り、天地を切り落とす。

### 2 皮をむき始める。

天地を持ち、包丁の刃を円周のほぼ1/6の幅に当て、上から下へ、里いもの形に沿ってむく。

### 3 六方《ろっぽう》にむく。

1辺をむいたらその横を同様にむき、これをくり返して一周する。こうすると側面が美しい6面になる。これを「六方にむく」という。

### 4 下ゆで用の水に米ぬかを入れる。

鍋にたっぷりの水と米ぬかを入れる。

米ぬかでゆでると、ぬめりとえぐみが取れて色も白くゆで上がります。米のとぎ汁でもかまいませんが、酵素のよく働く米ぬかがおすすめです。

### 5 里いもを下ゆでする。

里いもを入れて中火にかけ、沸き立つ状態でゆでる。

### 6 柔らかくなるまでゆでる。

里いもを取り出し、竹串を刺して柔らかくなっていたらゆで上がり。

### 7 軽くゆでて米ぬかを落とす。

新しい湯で6をごく軽くゆでて米ぬかを落とし、ざるに上げる。

ゆでたあと、水にさらさないように。冷めるときに水を含み、水っぽくなります。

### 8 追いがつおの準備をする。

ペーパータオルで削り節を包んで、「追いがつお」用にする。別の鍋に煮汁の材料を合わせ、7と削り節を入れる。

この料理ではだしの豊かなおいしさで里いもを食べさせたいので、だしに加え、かつお節の旨みをプラスします。

### 9 静かに煮含める。

鍋を中火にかけ、煮立ったら弱火にし、80～90℃(ときどきポコポコ沸き立つ状態)で15～20分ほど煮て味を含ませる。煮汁とともに器に盛る。さやいんげんを残りの煮汁にくぐらせて添え、針柚子を散らす。

いかのゲソと胴を時間差で煮て、両方とも生かします。

# 里いもといかの煮もの

里いもにしみ込んだいかの濃厚な甘みと旨みが白いご飯によく合う、定番おかずの1つ。でも、いかがゴムのように堅くなったことはありませんか？　それは間違いなく、いかの煮すぎです。**胴はすぐに火が入り、入りすぎると不味くなる**。仕上げ前にほんの1〜2分ほどさっと煮て、ちょうど火が入ったところで火を止めれば、柔らかくて甘みも旨みもたっぷり。驚くほどいかの味が強く感じられます。

ただし、足（ゲソ）は“旨みの素”ですから、最初から里いもと一緒に煮ます。20分ほど煮て、濃厚な甘みや旨みを煮汁に移して全体をおいしくするのが、この料理での役割です。**だから、この料理では煮汁にだし汁は不要**。水でいかのおいしさをストレートに楽しみましょう。里いもは、ここではぬめりを残して野性的な味を生かし、家庭的な味に仕上げます。

**材料（2人分）**

するめいか……1ぱい
里いも……8個
絹さや……4枚

**煮汁** 11：1

- 水……300mℓ ┐
- 酒……30mℓ ┘ →11
- しょうゆ……30mℓ →1
- 砂糖……大さじ2½

長ねぎの青い部分……1本分

**準備**

◉ボウルに氷水を用意する。
◉絹さやをゆでる。

**1 里いもを下ゆでする。**

里いもはよく洗って泥を落とし、皮に包丁で浅く切り目を入れる。鍋にたっぷりの湯を沸かして里いもを入れ、煮立ったら弱めの中火にして3〜5分ほどゆでる。

**2 皮をこすりむく。**

湯をきり、里いもを冷水に取る。アルミ箔をくしゃくしゃにし、里いもの皮を何度もこすってむく。

**3 いかの胴を霜降りにする。**

いかから足と内臓を引き抜き、足と内臓を切り分ける（➡p.90）。鍋に80℃くらいの湯を沸かし、胴を入れてうっすら白くなるまで浸ける。引き上げて氷水に入れる。

**4 足も霜降りにし、氷水に取る。**

次に❸の鍋に足を入れ、うっすら白くなるまで浸ける。引き上げて❸の氷水に入れる。胴も足も表面を手でこすってぬめりを取り、水気をきる。

**5 胴と足を切り分ける。**

胴からえんぺらを切り離し、2cm幅の輪切りにする。足は2〜3本ずつに切り分ける。

**6 落とし蓋をして煮る。**

別の鍋に❷、❺の足、煮汁の材料、長ねぎの青い部分を入れる。落とし蓋をして強火にかけ、煮立ったら弱めの中火にし、沸き立つ状態のまま煮ていく。

**7 里いもが煮えたか確認。**

20分ほど煮て、煮汁が半分弱になって細かい泡が立ち始めたら、里いもに竹串を刺し、スッと通るか確認する。

里いもが煮えれば、ほとんど完成。いかの胴はさっと煮たいので、ここで完全に火を通します。

**8 いかの胴を加える。**

竹串がスッと通ったら長ねぎの青い部分を取り出し、いかの胴を加える。

いかの胴は、里いもと里いもの間に置いていくと、煮えムラも味ムラも少なくなります。

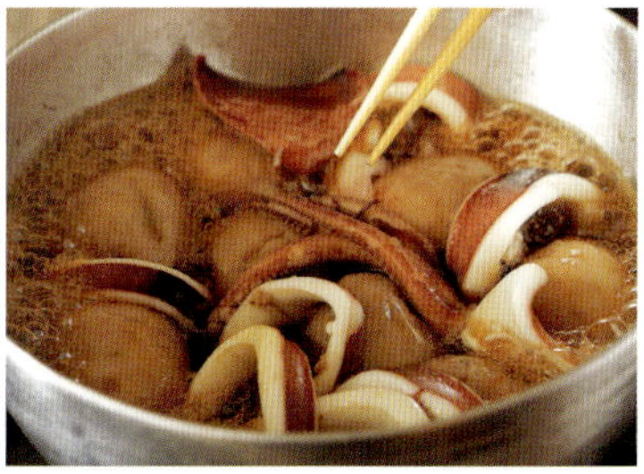

**9 落とし蓋をして再び煮る。**

落とし蓋をし、中火にかけて煮汁が沸き立つ状態で1〜2分煮て、いかの胴に煮汁をなじませる。器に盛り、絹さやを添える。

足と胴を時間差で加えることで、足の旨みを煮汁に移しながら、胴は柔らかく煮上がります。

本当においしい寄せ鍋、食べたことはありますか？
具を煮続けない、食べきるまで足さない。これが極意。

# 寄せ鍋

## 具は何度にも分けて加えるといい

鍋から湯気が立ち上って、鍋ものっていいですよね。でも本当に具の一つ一つをおいしく味わっていますか？　最後までおいしく食べきっていますか？　何種類もの具材を一緒に煮る寄せ鍋はとくに、何を食べているか分からなくなることがありますね。

おいしく食べる極意をお教えしましょう。何度かに分けて食べてください。**具を加えて煮ては食べきり、また具を加えて食べきる**。火が通ってすぐ、**煮えばなを食べましょう**。具を煮すぎることがないので、魚介が柔らかく旨みたっぷりに味わえます。くれぐれも、鍋に残っている状態で、具を足さないようにしましょう。煮え具合が分からなくなります。

## 煮汁はすっきりとクリアに

寄せ鍋では、**煮汁にだし汁は使いません。水を使います**。具から旨みが出て、そのだしで充分においしくなるからです。だし汁を使うと旨みが強くなりすぎて、かえって具の味わいが損なわれます。また具の組み合わせも大切です。魚介の旨み（イノシン酸）と野菜の旨み（グルタミン酸やグアニル酸）は違う種類のアミノ酸で、それらが合わさると、1＋1＝2以上の旨みになることが分かっています。これを「旨みの相乗《そうじょう》効果」といい、これで煮汁がとても旨み豊かになります。煮汁の割合は、水15：薄口しょうゆ1：みりん0.5（材料表はキリのよい分量に調整しています）。昔はみりんもしょうゆと同量でしたが、今は具の質が上がって味つけを濃くする必要がなくなったので、半分に減らしました。

なお、煮るときは蓋をしません。火が入るにつれ、みりんのアルコールとともに具の臭みが飛んでクリアな味になるからです。同様に煮汁も最後までクリアでおいしいので、〆にうどんやご飯を入れて余すところなく食べましょう。

**材料（2人分）**

はまぐり……4個
金目鯛の切り身（50gのもの）……4切れ
海老……4尾
白菜……大4枚
長ねぎ……3〜4cm長さを4本
春菊……½束
生しいたけ……4個
木綿豆腐……½丁

**煮汁**　約15：1：約0.5

- 水……1000mℓ →約15
- 薄口しょうゆ……70mℓ →1
- みりん……30mℓ →約0.5
- 昆布……10cm角1枚

寄せ鍋の作り方

### 1 はまぐりを砂抜き、塩抜きする。

はまぐりは塩分濃度1.5～2%の塩水（水1ℓに15～20gの塩を溶かしたもの）に入れて蓋をし、静かなところに30分ほどおいて砂抜きする。真水で洗い、真水に2～3分浸ける。

### 2 金目鯛に塩をふって20分おく。

バットに塩をふり、金目鯛をのせ、上からも塩をふって20分おく。

この後、湯に通すので、塩の量はそれほど気にしなくて大丈夫です。

### 3 金目鯛を霜降りにして冷水に取る。

80℃ぐらいの湯を用意し、網杓子に**2**をのせて湯にくぐらせる。うっすら白くなったら引き上げ、冷水に取って表面の汚れを洗い落とす。

この作業で煮汁が汚れず、最後まですっきりいただけます。

### 4 白菜をそぎ切りにする。

白菜は葉と芯の部分に分け、芯は包丁を斜めにねかせてそぎ切りにする。

白菜の芯は火が入りにくいものです。包丁を斜めにねかせて、薄くそぎ切りにし、表面積を広くして火を通りやすくしましょう。

### 5 具の準備をして器に盛る。

海老は尾の先を斜めに切り落とす。長ねぎは表面に斜めに切り目を入れ（➡p.49）、春菊は適当な大きさに切り分ける。生しいたけは軸を切り落とし、豆腐は4等分する。これらを大皿に盛る。

### 6 煮汁を用意する。

土鍋に水、薄口しょうゆ、みりんを入れて昆布を加える。

### 7 1回目の具を入れる。

煮汁に金目鯛、はまぐり、豆腐、生しいたけ、長ねぎをそれぞれ半量ずつ入れて中火にかける。

1回目は主役の具をいただきましょう。まずは金目鯛とはまぐりを。魚介の旨みも煮汁に移ります。

### 8 あくが固まったら取る。

煮汁が沸いてきて、はまぐりのあくが出たら取り除く。

### 9 はまぐりの口が開いたら食べる。

軽く沸いた状態を保ち、はまぐりの口がすべて開いたら、器によそう。

はまぐりの口が開くぐらいの時間で、金目鯛にもちょうど火が入ります。煮すぎないので、どちらもとても柔らかくてジューシーですよ。

**10 春菊を煮汁に通して添える。**

鍋の具を器に全部よそう。春菊の半量を煮汁にくぐらせ、少ししんなりしたら、器に取り分けていただく。鍋の火を止めて、煮汁が煮詰まらないようにする。

煮汁も飲んでみてください。魚介の旨み、野菜の旨みが相乗効果でさらにおいしくなって、水と調味料と思えないほど旨み豊かなだしになっています。

**11 2回目の具を入れる。**

再び10の鍋に海老と白菜をそれぞれ半量ずつと、残りの長ねぎと豆腐を入れて弱火にかける。

**12 海老に火が通ったら煮上がり。**

5分ほど煮て、海老の色が赤く変わって火が入ったら、食べごろ。

**13 器によそって食べる。**

鍋の具を全部器によそっていただく。再び鍋の火は止める。

**14 3回目の具を入れる。**

13の鍋に、春菊以外の残りの具をすべて入れて中火にかける。

**15 春菊を加える。**

はまぐりの口が開いたら春菊を加え、しんなりしたら器に取り分けていただく。

**Chef's voice**

キャベツを焼いて具にしても、旨みが凝縮してとてもおいしくなります。具を食べ終えたら、うどんやご飯を加えて軽く煮ると、とても上等なメになりますよ。煮汁には魚介や野菜の旨みがたっぷり、おいしいだしが出ていますので、どうぞ残さず食べてください。

# 【和食の展開術】 おもてなしの刺身

**本当においしい酢締めは“締めない”**

## あじの酢締め

表面が真っ白で、パサパサになって、食べるとキツい酸味が口に広がるあじの酢締めを、食べたことはありませんか？

それは冷蔵庫のなかった時代、保存のことを考えて長時間酢に浸けた名残です。それを今の時代に、同じようにしないでください。なぜなら、**新鮮なあじの酢締めは“締めない”ほうが絶対においしい**から。表面がうっすら霜が降ったようになって、切り分けたら中は生。これならあじの旨みがきちんと味わえて、でもすっきりいただける。これが今の時代の酢締めです。酢締めの目的は、脂の強い魚を酢の酸味でまろやかにし、さっぱりいただくことですから。

あじを三枚おろしにしさえすれば、かかる時間は30分ほど。ですから、ご家庭なら食べる直前に作るのが絶対おいしい！　おすすめです。おもてなしのときは薄く塩をして冷蔵庫に入れておき、酢締めだけをお客様がいらしてから行うといいでしょう。ここでは、きゅうりのあしらい2種もご紹介します。他にも皆さまのお好みで、お好きなあしらいをどうぞ。

### 材料（2人分）

あじ …… 2尾（150g）
塩 …… 4.5g（あじの重量の3%）
酢 …… 適量
きゅうり …… ½本
菊花 …… 適量
しょうが …… 1かけ
土佐酢（➡p.99） …… 大さじ1

### 準備

- きゅうりを蛇腹きゅうりにする（➡p.85）。
- 菊花は花びらをむしり、ゆでて水気をきる。
- しょうがは薄切りにしてごく細いせん切りにし、針しょうがを作る。


角皿／吉村昌也

和食できちんとおもてなしするなら、ぜひ覚えておきたいのがお刺身。
ひと工夫するだけで季節感が漂い、お客様にも喜ばれるでしょう。

**1 あじを3枚におろす。**

あじは頭と内臓を取り、水洗いして3枚におろす（➡p.90）。

**2 両面に塩をふる。**

バットに塩をふり、1のあじを重ならないように並べ、上からも塩をふって20分おく。水で洗って、ペーパータオルで水気を拭く。

**3 酢で締める。**

別のバットに2を並べ、あじがちょうどひたるくらいの酢を入れ、5分ほどおいて酢で締める。

酢の量を減らしたいなら、半分ぐらいの量にしてペーパータオルをかぶせてください。全体にまんべんなく行きわたります。

**4 中骨を抜いて切る。**

引き上げて汁気を拭き、まな板に置いて骨抜きで中骨を抜く。指でなぞると骨を見つけやすい。裏返して、頭の方から尾に向けて皮をむく。そぎ切りにし、皮側に数本、切り目を入れる。器にあじ、蛇腹きゅうりを盛り、菊花、針しょうがも添え、土佐酢をかける。

中骨を取ってから酢で締めると、中まで酢が入ってしまうので、締めた後に抜いてください。

## きゅうりのあしらいの作り方

色が美しく、歯触りもよいきゅうりは、手軽で美しいあしらいになります。蛇の曲がった腹の風情からこの名がついた蛇腹きゅうりは、シャキッとしながら柔らかい食感なので、きゅうりの酢のものにも使えて便利。薄緑色がきれいなかつらむきもぜひ覚えましょう。

### 蛇腹きゅうり

**作り方**

1

きゅうりの皮を縦にまだらに4本むき、塩をふってまな板の上で転がし、板ずりする。

2

鍋に湯を沸かし、きゅうりをさっとくぐらせて色出しする。

3

まな板にのせ、割り箸を上下に置き、斜めに切り目を入れる。ひっくり返し、同様に切り目を入れると蛇腹きゅうりになる。

4

立て塩（塩分濃度1.5%の塩水）に3cm角の昆布を入れて3を浸け、しんなりさせる。

### きゅうりのかつらむき

**作り方**

1

きゅうりを5cm長さに切り、緑の皮をむき取る。左手できゅうりを持ち、回しながら右手の包丁を上下に動かしていく。

2

種の直前まで薄くむく。丸めて昆布を入れた立て塩（塩分濃度1.5%の塩水）に浸け、しんなりさせる。

**2時間以上締めないこと。昆布臭くなります。**

# かれいの昆布締め

昆布締めも酢締めと同じように、「締めれば締めるほどおいしい」と誤解を受けている料理の1つです。白身魚やさば、あじなどの魚に昆布の上品な旨みをプラスする手法ですが、ここで使う昆布は、安いものでかまいません。旨みを移すだけなので、**昆布にはさむのは2時間だけ**。これ以上は魚が昆布臭くなって、素材のおいしさが逆に損なわれます。極端な話をすると、昆布締めは、昆布の味がしてはいけないんです。だから、前日から仕込むなんてもってのほか。**食べる日に作ってください**。

魚は昆布で締める前にさっと酢で洗って、生臭みを取り除きます。両面を酢にさっ、さっとくぐらせるだけ。長く浸けると身がボソボソして、ジューシーさが失われます。酢は時間をかけて醸造しているので、酢気が飛ぶと旨みが残ります。そのおいしさがかくし味になっています。

**材料（2人分）**

かれいの上身 …… 1さく
塩 …… 適量
酢 …… 適量
昆布 …… 10×20cmを2枚
すだち（薄切り）…… ½個分
春菊 …… 1本
加減酢（➡p.98）…… 大さじ2

**準備**

◎ 春菊はゆでて水気をしぼり、食べやすい大きさに切る。

### 1 下味の塩をする。

バットに塩をふり、かれいのさくをのせ、上からも塩をふって20分おく。

塩は全体に薄くふる程度。この後、酢にくぐらせるときに、余分な塩は落ちます。

### 2 酢にさっとくぐらせる。

酢をかけてすぐに裏返し、両面とも酢にくぐらせる。これを「酢洗い」という。

浸け込まないよう、表面をさっと酢にくぐらせるだけです。

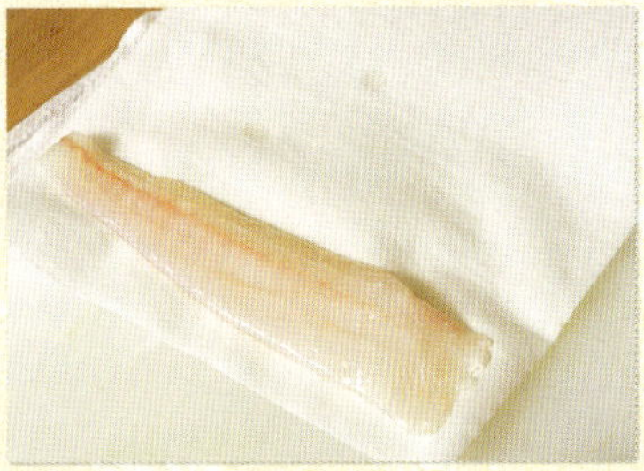

### 3 酢を拭き取る。

布巾かペーパータオルに2をのせ、そっと押さえるようにして酢を拭き取る。

ほんのりと酢の旨みをまとって、淡白な白身魚に深い味が生まれます。

### 4 昆布を拭く。

昆布の表面を乾いた布巾かペーパータオルでそっと拭いて、汚れを取る。

汚れが取れるとともに、魚とよくなじみます。

### 5 昆布にのせる。

昆布2枚を、少し重ねて敷く。3を向こう側にのせる。

### 6 昆布ではさむ。

手前の昆布を、かれいの上からかぶせる。

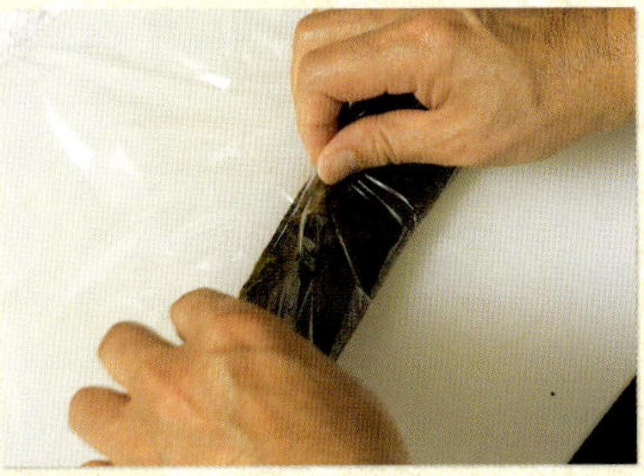

### 7 ラップで包む。

ラップできちっと包んで、全体をおおう。

### 8 重しをのせる。

バット2枚ではさみ、上から軽く重しをのせ、2時間おいて昆布締めにする。

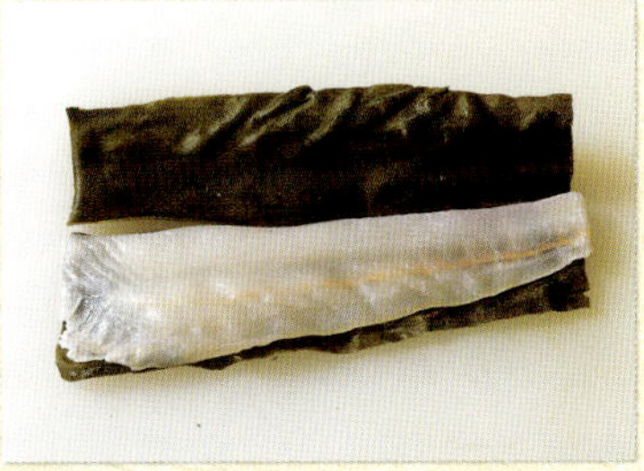

### 9 締め終わり。

やや白っぽくなってツヤが出た状態になる。取り出して、包丁をねかせてそぎ造りにし、すだちをはさむ。器に盛り、青菜を添え、加減酢をかける。

# いかのお造り 春夏秋冬

## 鳴門いか千草和え

「鳴門《なると》」とは、渦潮で有名な地、徳島の鳴門からついた渦巻き形を表現する言葉。いかとのりを巻いて、その渦巻きの姿をシンプルに模しています。千草は何種類もの香りの野菜を合わせて使うときの言葉で、若草の芽吹く春に使います。

**材料（2人分）**

**するめいかの胴** …… **½ぱい分**
**板のり** …… **1枚**
**芽ねぎ** …… **1束**
**長ねぎ** …… **4cmを2本**
**紅たで** …… **適量**
**せりの葉** …… **適量**

**作り方**

1 するめいかの胴は皮をむき、水で洗ってペーパータオルで水気を拭き取る。縦にまっすぐ2mm間隔に切り目を入れる。

2 鍋に70℃くらいの湯を沸かし、1をざるに入れて15秒ほど浸ける。冷水にとり、ペーパータオルで水気を拭き取る。切り目を下にして板のりをのせ、巻き込んで1cm幅に切る。

3 芽ねぎは長さを半分に切り、長ねぎは白髪にして水の中に放ち、ピンとしたら水気をよくきる。紅たで、せりの葉も合わせて千草にし、よく水気をきる。

4 2を1cm幅に切り、器に盛る。千草をふんわりと盛る。

## いか唐草和え

いかはそのままよりも、低温のお湯にくぐらせることで食感が柔らかくなめらかになり、甘みも増します。切り目も開いて、美しい唐草模様になります。夏の薬味、大葉を和えて、爽やかにいただきましょう。

**材料（2人分）**

**するめいかの胴** …… **½ぱい分**
**大葉** …… **5枚**

**作り方**

1 するめいかの胴は皮をむき、水で洗ってペーパータオルで水気を拭き取る。縦に5cm幅に切り、12cm長さに切る。包丁をねかせ、4〜5か所、切り離さないよういかの厚みの半分ほどの深さに切り目を入れる。次に切り目に垂直方向に3〜5mm幅に切り分ける。

2 鍋に70℃くらいの湯を沸かし、1をざるに入れて10秒ほど浸けて冷水に取り、ペーパータオルで水気を拭き取る。

3 大葉を粗いせん切りにする。

4 ボウルに2と3を入れ、和えて器に盛る。

和食は、主素材は同じでも、趣向や香りなどを変えるだけで季節感を出すことができます。料理名に風情のある表現があるのも和食の魅力です。ここではいかを使ったお造りで、春夏秋冬のバリエーションをご紹介します。食べるときは、お好みでしょうゆやわさびをつけてください。

## 松笠いか柚香和え

いかに格子状に切り目を入れて湯に通すと切り目が開いて、まるで松ぼっくり（松笠）のような姿になります。ここから「松笠」の名がついています。このときもお湯の温度は低温。生であって生でなく、ぐんと甘みが増します。柚子の香りと菊で秋の趣向に。

**材料（2人分）**

**するめいかの胴** …… ½ぱい分
**青柚子** …… ½個
**すだち**（薄切り）…… ½個分
**三つ葉の軸** …… 2本分
**菊花** …… 適量

**作り方**

1 三つ葉の軸は湯でさっとゆで、水気を絞り、3～4cm長さに切る。菊花は花びらをむしり、酢を加えた湯でゆでて水気を絞る。

2 するめいかの胴は皮をむき、水で洗ってペーパータオルで水気を拭き取る。縦に4cm幅に切り、皮側に包丁をねかせて斜め格子状に切り目を入れる。2×3cmに切り分ける。

3 鍋に70℃くらいの湯を沸かし、2をざるに入れて10秒ほど、浸けて冷水にとり、ペーパータオルで水気を拭き取る。

4 3に青柚子をおろし金ですってふる。

5 器に4とすだちを盛り、ゆでた三つ葉の軸と菊花を添える。

## いか翁和え

白髪頭のようなとろろ昆布の姿から、年を重ねた翁に見立てて名がつけられました。ほんのひと手間かければご家庭でもとても簡単に作れ、立派な1品になるので、来客のときにもどうぞ。とろろ昆布をから炒りしてほぐしてごまを混ぜれば、簡単ふりかけにも。

**材料（2人分）**

**するめいかの胴** …… ½ぱい分
**とろろ昆布** …… 5g
**わさび** …… 適量

**作り方**

1 するめいかの胴は皮をむき、水で洗ってペーパータオルで水気を拭き取る。縦に6cm幅に切り、横にして置き、幅広の細造りにする。

細造りとは、身の薄い魚介に使われる縦に細く切る刺身の造り方。

2 鍋に70℃くらいの湯を沸かし、1をざるに入れて10秒弱浸けて冷水にとり、ペーパータオルで水気を拭き取る。

3 とろろ昆布をフライパンに入れ、弱火でから炒りし、冷ます。手でもんでほぐし、粉状にする。2と和えて器に盛り、わさびを添える。

# 魚介の下ごしらえ

## 三枚おろしの方法

一尾魚のおろし方の基本が、三枚おろし。左右の身と骨の3つに分かれることからこの名があります。ここではあじを使って、ご紹介します。

**ぜいごを取る。**

頭を左にして置き、包丁をねかせて尾から頭に向かって、ぜいごをそぎ取る。裏側も同様にする。

> ぜいごはあじだけが持つ堅いうろこ。他の魚ではこの作業は必要ありません。

**うろこをかく。**

尾から頭に向けて、包丁の切っ先で表面を軽くこすり、魚全体のうろこをかく。裏側も同様にする。

**頭を切り落とす。**

包丁を少し斜めにし、左手で胸びれを持って、胸びれのきわから切り込み、そのまま頭を切り落とす。

**内臓を取り出す。**

尾を手前、腹を右にして置き、腹びれから斜めに切り落とす。包丁の切っ先で、内臓をかき出す。

**腹を洗い、水気を拭き取る。**

歯ブラシで腹の中をやさしくこすり、血や血合いを洗い流す。最後は流水で手早く洗い、皮や腹の中の水気をペーパータオルで拭き取る。

**上の身を中骨まで切る。**

尾を手前にして縦に置き、包丁をねかせて腹側から骨の上に刃を入れる。包丁の腹を骨に当てながら、何度か切り込んで中骨まで切り進める。

**上の身をはずす。**

左手で上身を開き、包丁を立てて中骨の上をなぞる。次に再び包丁をねかせ、背側の骨に沿って切り進め、身をはずす。

**下の身もはずす。**

裏返して頭側を手前にして置き、6～7と同様にして身をはずす。

## いかの内臓の抜き方

いかは大きくえんぺら、胴、内臓、足（ゲソ）からなり、それぞれに使い途も違います。ここでは1ぱいのいかを分ける方法をご紹介します。

**胴から内臓と足をはずす。**

左手にいかを持ち、右手の人差し指を胴に沿って差し入れる。真ん中あたりに内臓と胴の付け根があるので、はずす。

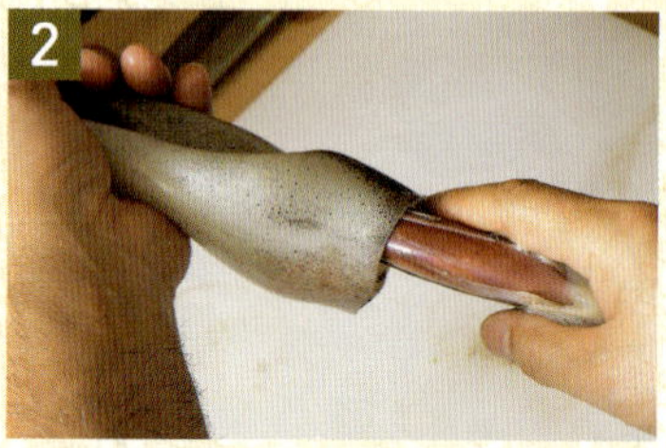


**内臓を引き抜く。**

付け根を完全にはずしたら、内臓をやさしく持って、そっと引き抜く。強く持つと内臓の膜が破れることがある。

**内臓と足を切り分ける。**

まな板に置き、内臓と足の付け根を包丁で切り離す。これでえんぺら付きの胴、足、内臓に分けられる。

第3章

# 小鉢と副菜

献立の副菜として、箸休めになる小鉢。

旬の野菜を使うことが多いので、

食卓に季節感を漂わせることができ、

主菜には足りない野菜や海藻が食べられるのもうれしい。

おもてなしに自信を持ってお出しできる刺身の

バリエーションもご紹介します。

なすとほうれん草の煮びたし

小松菜のおひたし

上の鉢／吉村昌也、下の小鉢／鶴野啓司（宙）

小松菜は80℃でゆでると、おいしさが全然違う！
でも、ほうれん草は100℃でいい。この違いがわかりますか？

# 小松菜のおひたし
# なすとほうれん草の煮びたし

---

## おひたしと煮びたしの違い

おひたしは、冷たくシャキッとした野菜の清々しいおいしさを、ひたし地とともにいただく料理。使う野菜は1種類でもかまいません。一方、煮びたしは青菜ときのこなど複数の素材を煮てそれぞれの旨みを出し、その豊かな旨みの煮汁にそのまま浸けて味を含ませる料理。温かくて味を含みやすいので、おひたしよりもひたし地の味が薄いのが、大きな違いです。具体的にいうと、おひたしはだし汁5：しょうゆ1：酒0.5、煮びたしは酒とみりんは同じですが、だし汁が10、つまり倍量入ります。

## 小松菜とほうれん草では、ゆで方が違う！

気をつけたいのは、小松菜もほうれん草もゆでる前に水分を吸わせてパリッとさせておくこと。**葉がみずみずしいと早く火が通って、ゆで時間が短くてすみます**。というのも、素材の持つ水分を介して熱が入ってゆで上げられるので、水分がたっぷりあれば熱伝導は早いのです。一方で素材が乾燥していたら、なかなか火が通らない。それがゆですぎにつながります。

皆さんは、青菜はすべて熱湯で塩ゆでしていませんか？　ほうれん草はそれでいいのですが、**小松菜は80℃の湯でゆでると素材の風味が断然濃くなります**。おひたしにするときはとくに、ゆで加減が味を決めますから、ぜひ試してみてください。小松菜のようなアブラナ科の植物、他にも大根、かぶ、カリフラワー、ブロッコリー、キャベツ、チンゲンサイ、菜花などは、どれも80℃の湯でゆでると中心温度が酵素の働く50℃前後になり、特有のかすかな辛みや香りが出て、とてもおいしくなりますよ。

### ◆小松菜のおひたし

**材料（2人分）**

小松菜……¼束

ひたし地　5：1：0.5

- 一番だし（➡p.11）……200mℓ ➡5
- しょうゆ……40mℓ ➡1
- 酒……20mℓ ➡0.5
- 削り節……2g

### ◆なすとほうれん草の煮びたし

**材料（2人分）**

なす……1本
ほうれん草……¼束
生しいたけ……2個

煮汁　10：1：0.5

- 一番だし（➡p.11）……200mℓ ➡10
- 薄口しょうゆ……20mℓ ➡1
- みりん……10mℓ ➡0.5

揚げ油……適量

## 小松菜のおひたしの作り方

**1 小松菜を水に浸ける。**

ボウルに水を張り、小松菜の茎を浸けてみずみずしい状態にする。

**2 おひたしの地を作る。**

鍋にひたし地の材料を入れて弱めの中火にかけ、ひと煮立ちさせる。こして冷ます。

削り節を加えて旨みを補強する「追いがつお」は、冷たいところから徐々に温度を上げたほうが旨みがよく出ます。

**3 80℃ほどの湯を用意する。**

鍋に湯1ℓを沸かして沸騰させ、氷を3〜4かけら入れる。これで約80℃になる。

**4 まず茎からゆでる。**

3の湯に小松菜を根元から入れて、2分ほど浸けてゆでる。

**5 葉も時間差でゆでる。**

葉も湯に浸けて、さらに3分浸けてゆでる。

**6 冷水で色止めをする。**

小松菜を冷水に取り、粗熱をとって水気をしっかり絞る。5cm長さに切り分ける。

**7 ひたし地にひたす。**

6を2に15分ほどひたし、味を含ませてから器に盛る。

## なすとほうれん草の煮びたしの作り方

### 1 ほうれん草を水に浸ける。

ボウルに水を張り、ほうれん草の茎を浸けて、みずみずしい状態にする。

パリッとした状態にすると、熱伝導がよくなるのでゆで時間が短くなります。とくにほうれん草はゆですぎるとえぐみが出るので、必ず行ってください。

### 2 なすを素揚げして油抜きする。

なすは天地を切り落とし、半分に切ってそれぞれ3等分に切る。揚げ油を170℃に熱し、なすを焦げ色がつかないように素揚げし、ざるに入れる。鍋に熱湯を沸かし、少しすくってなすにかけ、油抜きする。生しいたけは軸を切り落とし、薄切りにする。

### 3 ほうれん草をゆでる。

**2**の湯に**1**を茎から入れて20秒ほどゆで、しんなりしたら葉も浸けてさらに20秒ほどゆでる。引き上げて冷水に取り、水気を絞り、4cm長さに切る。

ゆで時間が1分以内なら、ほうれん草特有のえぐみ、シュウ酸が出ません。

### 4 煮始める。

鍋に煮汁の材料を入れる。**2**のなすと生しいたけも入れて中火にかける。

### 5 ほうれん草を加える。

ひと煮立ちして生しいたけに火が通ったら、**3**を加えてなじませる。

### 6 煮汁にひたす。

すぐに火を止め、そのまま10分ほどひたして、器に盛る。

ほうれん草はぐずぐず煮たくないので、なすと生しいたけが煮えて旨みが出たところで加えて、すぐに火を止めます。

### Chef's voice

今回はなすを素揚げして使いましたが、同じようにちょっと油のコクをプラスしたい場合は、油揚げを使ってもいいでしょう。熱湯をかけて油抜きし、細かいせん切りにして煮汁に大豆の旨みを移してください。

割合を変えて、展開して
小鉢のバリエーションが広がります。

# 「酢のもの」の基本

副菜の代表、酢のもの。口の中がさっぱりして、主菜の箸休めにぴったりです。酢のものの合わせ酢の基本は、**さっぱり食べたいときの二杯酢、旨みもほしいときの三杯酢**の2種類。まずはこれを覚えてください。さらにそれを展開すればバリエーションが広がって、料理の幅も広がりますよ。

酢のものに使う酢は、穀物酢で充分。米酢は香りが強すぎるし、いい酢は旨みが強すぎる。酢の酸味だけを生かして素材のおいしさを引き立てるには、特別なものは使わないほうがいいと思います。

それよりも大切なのは、**酢に軽く火を入れて、ツンとした酢気を飛ばしてから使うこと**。少量なら電子レンジでもかまいません。これで「酢のものが苦手」というかたもおいしく食べられますよ。また酢気が飛ぶと、醸造した酢特有の旨みが現れて味に深みが出ます。

# 合わせ酢の展開

## 二杯酢

甘みがないので、素材をさっぱり食べるときに使う。味が強いので、元はつけだれとして使ったもの。

**1：1**

酢　しょうゆ

## 三杯酢

甘みで旨みづけしているので、素材の旨みが淡いときに使う。二杯酢と同様、元はつけだれとして使ったもの。

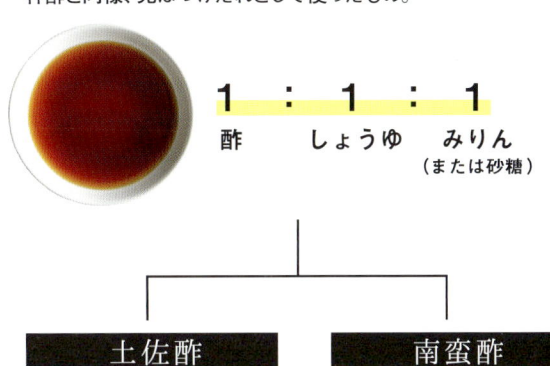

**1：1：1**

酢　しょうゆ　みりん（または砂糖）

### 加減酢

だし汁で割った、これだけでおいしく飲める合わせ酢。酢も一緒に食べるときに使う。

**7：1：1＋追いがつお**

一番だし　酢　薄口しょうゆ

### 酢びたし

加減酢と使い方は同じ。加減酢よりも酸味が強いので、さっぱり食べるときに使う。

**5：1：1＋追いがつお**

一番だし　酢　薄口しょうゆ

### 土佐酢

酢を多くして三杯酢を変形させ、だし汁で旨みをプラス。これだけでおいしく飲める。

**3：2：1：1**

一番だし　酢　しょうゆ　みりん

### 南蛮酢

土佐酢の変形。だしや砂糖で旨くし、酸味も強くした南蛮漬けの地。

**7：3：1：1：0.5弱**

一番だし　酢　薄口しょうゆ　みりん　砂糖

#### ごま酢

土佐酢に白ごまを加えたもの。白ごまを粗めにすり、土佐酢ですりのばして作る。たとえば、蒸し鶏やさっとゆでた豚にかけて。

**土佐酢30㎖**
**＋**
**白ごま15g**

#### 緑酢

土佐酢とおろしきゅうりを混ぜ合わせて作る。たとえば、酢締めにした魚やさっと湯通ししたいかにかけて。

**土佐酢＋30㎖**
**＋**
**おろしきゅうり1本分**

#### みぞれ酢

土佐酢と大根おろしを混ぜ合わせて作る。たとえば、さっと湯通しした牛肉にかけて。

**土佐酢30㎖**
**＋**
**大根おろし30g**

**二杯酢を使って**

## ゆでたことわかめの酢のもの

### 材料（2人分）

**ゆでたこの刺身** …… **6枚**
**わかめ**（もどしたもの）…… **40g**
**きゅうり** …… **1/3本**

**二杯酢** 1:1
- 酢 …… 30mℓ →1
- しょうゆ …… 30mℓ →1

**しょうが**（針に切ったもの）…… **適量**
**塩** …… **適量**

### 作り方

1 ボウルに水と1.5％の塩（水200mℓに塩3g）を溶かし、立て塩を作る。きゅうりを小口切りにし、立て塩に浸けてしんなりとさせる。

2 わかめは5cm長さに切り分ける。

3 小鍋に二杯酢の材料を合わせ、中火にかけるか電子レンジでさっとひと煮立ちさせ、そのまま冷ます。

4 1の水気を絞り、小鉢にそれぞれ盛る。2も盛り、3の二杯酢を大さじ1〜2ずつかけ、針しょうがを添える。

## 二杯酢からの展開

**加減酢を使って**

### もずく酢

#### 材料（2人分）

**もずく** …… **100g**
**しょうが**（針に切ったもの）…… **適量**
**大和いも** …… **10g**

**加減酢** 7:1:1
- 一番だし（→p.11）…… 100mℓ →7
- 酢 …… 15mℓ →1
- 薄口しょうゆ …… 15mℓ →1
- 削り節 …… 適量

#### 作り方

1 鍋に湯を沸かし、掃除したもずくをざるに入れてさっとくぐらせ、冷水に取って水気をきる。大和いもをすりおろす。

2 小鍋に加減酢の材料を入れて中火にかけ、ひと煮立ちしたらこし、冷水で冷ます。

3 1のもずくを食べやすい大きさに切り、加減酢に10分浸ける。それぞれ加減酢適量とともに器に盛り、針しょうがと大和いもを添える。

**酢びたしを使って**

### ところ天

#### 材料（2人分）

**ところ天** …… **300g**
**おろししょうが** …… **適量**
**みょうが** …… **1/2本**
**大葉** …… **4枚**

**酢びたし** 5:1:1
- 一番だし（→p.11）…… 150mℓ →5
- 酢 …… 30mℓ →1
- 薄口しょうゆ …… 30mℓ →1
- 削り節 …… 2g

#### 作り方

1 鍋に酢びたしの材料を入れて中火にかけ、ひと煮立ちしたらこし、冷水で冷ます。

2 みょうがと大葉をせん切りにする。

3 ところ天の水気をきって器にそれぞれ入れ、酢びたしを適量張り、2とおろししょうがを添える。

**三杯酢を使って**

# 海老のしょうが酢がけ

**材料（2人分）**

海老 …… 4尾
豆腐 …… 1/6丁
蛇腹きゅうり（➡p.85）…… 1/2本分
塩 …… 適量
おろししょうが …… 適量

◈三杯酢 1:1:1

- 酢 …… 30mℓ ➡1
- しょうゆ …… 30mℓ ➡1
- みりん …… 30mℓ ➡1

**作り方**

1 小鍋に三杯酢の材料を入れて中火にかけ、ひと煮立ちさせ、火を止めてそのまま冷ます。

2 海老は70℃の湯で5分ゆで、殻をむく。

3 器にそれぞれ半分に切った豆腐、2、一口大に切った蛇腹きゅうりを盛り、三杯酢大さじ2～3ずつかけ、おろししょうがを添える。

## 三杯酢からの展開

**土佐酢を使って**

### かにきゅうり巻き

**材料（2人分）**

かに棒肉 …… 6本
きゅうり …… 5cmを2本
塩 …… 適量

◈土佐酢 3:2:1:1

- 一番だし（➡p.11）…… 30mℓ ➡3
- 酢 …… 20mℓ ➡2
- しょうゆ …… 10mℓ ➡1
- みりん …… 10mℓ ➡1

**作り方**

1 鍋に土佐酢の材料を入れて中火にかけ、ひと煮立ちしたら火を止めてそのまま冷ます。

2 きゅうりをかつらむきにし（➡p.85）、立て塩（水200mℓに塩3gを溶かしたもの）に浸けてしんなりさせる。

3 2の水気をきり、巻きすにきゅうり1枚を並べ、かに棒肉3本をのせて巻き締め、一口大に切る。同様にもう1つ作る。器にそれぞれ盛り、土佐酢を適量かける。

**南蛮酢を使って**

### 鶏肉南蛮漬け

**材料（1人分）**

鶏もも肉 …… 1枚（160g）
パプリカ（赤・黄・緑）…… 各1/2個
長ねぎ …… 3cmを2本
赤唐辛子（種を取る）…… 1本

◈南蛮酢 7:3:1:1

- 一番だし（➡p.11）…… 200mℓ ➡7
- 酢 …… 80mℓ ➡3
- 薄口しょうゆ …… 30mℓ ➡1
- みりん …… 30mℓ ➡1
- 砂糖 …… 10g

小麦粉（薄力粉）…… 適量
揚げ油 …… 適量

**作り方**

1 パプリカ、長ねぎを縦3cm、幅1cmの短冊に切る。

2 鶏肉を一口大に切り、小麦粉を刷毛で薄くまぶす。

3 揚げ油を170℃に熱し、2を揚げて、ボウルに入れる。パプリカと長ねぎの水気を拭き、素揚げし、ざるに取る。熱湯をかけて油抜きし、水気をきって鶏肉のボウルに入れる。赤唐辛子も加える。

4 鍋に南蛮酢の材料を入れて中火にかけ、ひと煮立ちさせてあつあつのうちに3のボウルに注ぎ入れ、ひたす。

下左の小鉢／吉村昌也

ごまの香りが生きているのが、ごま和え。
ごまを使うだけではありません。

# いんげんのごま和え

ごま和えで一番大切なことは、**ごまのいい香りがすること**。作るたびにごまを炒って、炒りたてをすってころもを作ってみてください。風合いが全然違います。ご家庭だからできる“よさ”ですから、ここだけは手抜きしないように。今回は黒ごまを使いましたが、白ごまやくるみ、ナッツなど、油のコクと香ばしい香りのある素材で、お好きなものを使ってください。

さやいんげんをゆでるとき、**5%の塩を加えます**。海水は3%ですから、もっと塩分濃度が高いですね。驚かれるかもしれませんが、これで下味がつきます。この手順を踏むことで、私流の言葉でいうなら、“味の道”がついてくれます。“味の道”が、旨みも味も濃厚なごまごろもとさやいんげんのつなぎ役。これがないと口の中でバラバラになって、和えものとして完成しません。

**材料（2人分）**

さやいんげん……70g
塩……適量
しょうゆ……適量

◇ごまごろも
黒ごま……10g
砂糖……大さじ½
しょうゆ……小さじ1

### 1 黒ごまをから炒りする。

フライパンに黒ごまを入れ、中火にかける。フライパンをゆすりながら、いい香りがするまでから炒りする。

私はさやいんげんの青い香りには、コクの強い黒ごまが合うと思いますが、お好みで白ごまでもいいです。

### 2 黒ごまを粗くする。

すり鉢に1を入れ、すりこ木でごまを粗くすり、砂糖を加える。

すりすぎないこと。全部が均一よりも、少し粗いぐらいのほうが食べたときに口の中にごまの香りが広がります。

### 3 味つけしてごまごろもの完成。

さらにすり混ぜ、しょうゆも加え、ごまの粒つぶが残る程度にすり混ぜる。これでごまごろものでき上がり。

### 4 さやいんげんをゆでる。

鍋に湯を沸かし、塩分濃度5％の塩（500㎖の水に塩25g）を入れる。いんげんを4cm長さに切り分け、湯に入れて、再沸騰してから1分ほどゆでる。

### 5 水気をとばす。

4をざるに上げ、あおいで水気をとばす。

さやいんげんを塩ゆでして下味、つまり"味の道"を作ることで、ごまごろもの味とよくなじんで一体化します。

### 6 ごまごろもに入れる。

さやいんげんの水気がとんだら、3に入れる。

水気が残っていると、水っぽくなっておいしくありません。

### 7 ごまごろもと和える。

ゴムべらで全体にからませるようにていねいに和え、器に盛る。

## Chef's voice

ほうれん草のごま和えを作るときは、少し方法が違います。ほうれん草をゆでる湯には塩を入れません。というのも、しんなりして、かさが減ってしまいますから。その代わり、ゆでて水気をきった後にしょうゆをからませて汁気を絞り、下味をつけます。これを「しょうゆ洗い」といいます。しょうゆは、味のついたごまごろもとほうれん草のつなぎ役。この作業をしないと、口の中で味がバラバラになりますよ。

豆腐のおいしさで具をまとめる。

# 油揚げと糸こんにゃくの白和え

**材料（2人分）**

油揚げ …… 1/4枚
糸こんにゃく …… 30g
にんじん …… 20g
生しいたけ …… 1個
春菊 …… 1株
昆布 …… 5cm角1枚

◇煮汁

- 水 …… 100mℓ
- 薄口しょうゆ …… 5mℓ
- 酒 …… 2.5mℓ

◇白和えごろも

- 豆腐 …… 100g
- 砂糖 …… 5g
- 薄口しょうゆ …… 3mℓ
- 練り白ごま …… 5g

**準備**

- ◎油揚げをさっとゆでて油抜きし、水気を絞って縦半分に切り、ごく細切りにする。
- ◎糸こんにゃくはさっとゆでて4cm長さに切る。
- ◎にんじんは細切りにする。
- ◎生しいたけは軸を落として薄切りにする。
- ◎春菊をさっとゆで、水気をよく絞る。4cm長さに切る。

白和えは、豆腐をベースにし、砂糖や白ごまで味やコクを加えたころもで、火を入れた具を和えたもの。その白く美しい姿から、豆腐和えではなく白和えの名がついています。よく聞かれるのは、**「豆腐は木綿がいいですか？　絹ごしがいいですか？」。答えは「お好みでかまいません」**。

私自身は大豆の味が濃く、すっても少し豆腐の食感が残るような木綿豆腐が好きです。豆腐は押して水きりして使いますが、とくに絹ごしは水分が多いのできちんと押してください。でも本当は、押さないほうがおいしいと思う。だから、水きりの必要のない堅い豆腐があれば一番いいでしょう。さらに言えば、本当に味のいい豆腐なら白ごまも砂糖も必要ありません。香りづけのしょうゆだけで、充分においしい。でも普通に売られている豆腐は旨みが少ないですよね。それで、豆腐の味を補うために入れています。今回はすり鉢を使いましたが、今はすり鉢を持ってないかたも多いですね。泡立て器やフードプロセッサーで、気軽に混ぜて作ってください。

## 1 豆腐の水きりをする。

豆腐をさらしかペーパータオルで包んでざるにのせ、水を入れたボウルを重しにし、15分ほどおいて水きりする。水きり後は約70gになる。

## 2 豆腐をすり混ぜる。

すり鉢に1を入れ、すりこ木でやや粗く粒が残るぐらいまでする。

## 3 味つけする。

調味料を加えてさらにすり混ぜ、白和えごろもを作る。粗い粒が少し残っていて、完全になめらかにならなくてもよい。

料理屋ではきめ細かくなめらかな食感にするために、裏ごしします。そのほうがお好みなら、なさってもいいでしょう。

## 4 具を湯通しする。

鍋に湯を沸かし、下準備した油揚げ、糸こんにゃく、にんじん、生しいたけを合わせ、ざるに入れて湯に浸け、箸でほぐしながら10秒ほど湯通しする。水気をきる。

## 5 具を下煮する。

別の鍋に煮汁の材料を合わせ、4と昆布を入れて中火にかける。沸いたら弱火にして3分ほど煮て、にんじんに少し歯ごたえが残る程度で火を止める。

生しいたけや油揚げなど、旨みを持つ素材があるので、水と昆布で煮ます。

## 6 具を冷ます。

そのまま5を冷ます。急ぐときは写真のように煮汁ごと別の器に移し、氷水に浸けて急冷する。冷めたら春菊を加えてよく混ぜ、そのまま完全に冷ます。

青菜は色が飛ばないよう、煮汁が冷めてから浸けます。

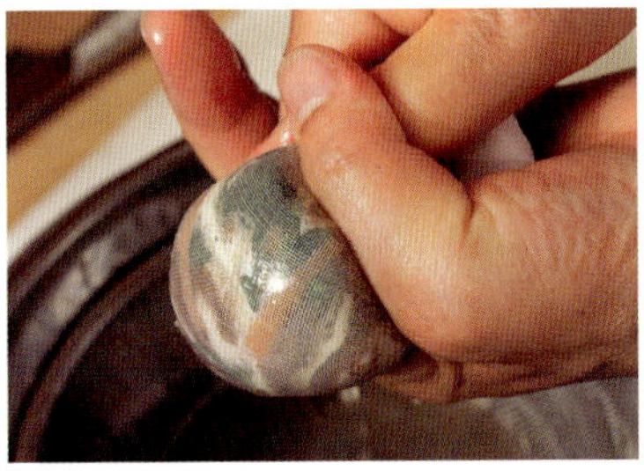

## 7 煮汁を絞る。

ざるにさらしを敷き、6を入れて汁気をきって包み、しっかり汁気を絞る。

ペーパータオルは絞ったときに破れるのでおすすめしません。この絞ったあとの煮汁は、卵でとじると、簡単でとてもおいしい吸いものになります。

## 8 白和えごろもと具を和える。

7を3に加え、ゴムべらで全体にていねいに和える。器に盛る。

白和えごろもは、写真のようにボウルに移してから和えてもいいでしょう。

### Chef's voice

すり鉢をお持ちでなければ、ボウルで混ぜ合わせるだけでも。こうすれば手軽に作れますね。夏場は豆腐がいたみやすいので、ゆでてから使ってください。ゆでると旨みが出てしまうので、小角切りにすると短時間で中まで火が入ります。それをざるに上げておけば、水きりできます。

# 【和食の展開術】 和の万能調味料、玉味噌

味噌に卵黄や調味料を加えて練った玉味噌。そのまま和えごろもとして使え、酢を混ぜると酢味噌、木の芽を混ぜると木の芽味噌などに展開でき、とても便利です。玉味噌は冷蔵庫で2〜3ヶ月はもちますが、味噌のいい風合いを味わうためには、2週間で使いきるのがいいでしょう。

**材料（作りやすい分量）**

信州味噌 …… 100g
卵黄 …… 1個
みりん …… 15㎖
酒 …… 15㎖
砂糖 …… 大さじ3

材料表の倍量で作って、作りおきしても。日もちは冷蔵庫で2週間ほど。

**作り方**

1 鍋に材料をすべて入れ、ゴムべらで混ぜ合わせる。

2 弱めの中火にかけて、混ぜながら砂糖を溶かす。すぐにゆるくなる。

3 常に全体を混ぜながら、フツフツ沸いてから3分ほど練る。火を入れすぎると、味噌の風味が弱くなる。

4 鍋底をかいても、たれてこなければでき上がり。濃度がゆるく感じても、冷めると多少堅く、ちょうどよくなる。

玉味噌＋酢＋からしでぬたごろもに

# 海老と
# わかめのぬた

味噌のいい風味と甘み、酸味のきいた酢味噌。これにからしを加えたのが「ぬたごろも」です。魚介と海藻や野菜の組み合わせが定番。

**材料（1〜2人分）**

海老 …… 2尾
わかめ（もどしたもの） …… 20g
わけぎ …… 2本

◈ぬたごろも
- 玉味噌 …… 30g
- 酢 …… 大さじ1
- 溶きがらし …… 小さじ½

1 小鍋に酢を入れ、火にかけて煮きって冷ます。または酢を小さい器に入れて、電子レンジに15秒かけて煮きってもよい。

2 ぬたごろもを作る。ボウルに玉味噌を入れ、1の酢と溶きがらしを入れ、よく混ぜ合わせる。

3 海老は殻をむいて包丁で背を開き、背わたを取る。鍋に湯を沸かしてゆで、冷水に取ってペーパータオルで水気を拭き取る。

4 鍋に湯を沸かし、わけぎをゆで、ざるに上げる。わけぎとわかめは3cm長さに切り分ける。3とこれらを2に入れる。

5 ゴムべらで全体にぬたごろもが行きわたるよう、和える。器に盛る。

# 玉味噌で春夏秋冬の一品

## いかとたけのこの木の芽味噌和え

**材料（2人分）**

いかの胴 …… 30g
うど …… 25g
ゆでたけのこ …… 25g
◎煮汁
一番だし（➡p.11）…… 100mℓ
薄口しょうゆ …… 5mℓ
◎木の芽味噌
玉味噌（➡p.104）…… 40g
木の芽 …… 1g
青寄せ …… 8g

青寄せとは、ころもなどに美しい緑色をつけるためのもの。今回はほうれん草をゆでてしっかり水気を絞って適宜切ってすったものを使っています。

**作り方**

1 うどは皮をむき、たけのことともに小さめの乱切りにする。うどを下ゆでし、水気をきる。鍋に煮汁の材料を合わせ、うどとたけのこを入れてゆっくり煮含ませる。

2 いかの胴に縦横に切り目を入れて鹿の子切りにし、2cm幅に切り分ける。1が煮上がる直前に入れ、さっと煮てざるに上げる。

3 すり鉢に木の芽を入れてよくすり、玉味噌を加えて軽くすり混ぜ、青寄せも加えてよくすり混ぜ、美しい緑色の木の芽味噌にする。

4 2の汁気をよくきり、3と和える。器に盛り、木の芽（分量外）をのせる。

## 海老の大葉味噌がけ

**材料（2人分）**

海老 …… 4尾
しょうが …… 20g
片栗粉 …… 適量
小麦粉（薄力粉）…… 25g
水 …… 35mℓ
揚げ油 …… 適量
◎大葉味噌
玉味噌（➡p.104）…… 20g
大葉（みじん切り）…… 10枚分

**作り方**

1 しょうがは太めのせん切りにする。海老は殻をむき、包丁で背から開いて背わたを取る。海老の両面に片栗粉をふり、クッキングシートにはさんですりこ木などで均一に叩きのばす。

2 海老でしょうがを包み、俵形に整える。ボウルに小麦粉と分量の水を入れて混ぜ、天ぷらごろもを作り、海老をくぐらせる。170℃に熱した揚げ油で揚げる。

3 すり鉢に玉味噌と大葉を入れてよくすり、大葉味噌を作る。器に大葉味噌を敷き、2を盛る。


小鉢／すべて平野寅和（宙）

玉味噌は、季節の香りを加えるだけで簡単に和えごろもになる便利な作りおき調味料。
ここでは春夏秋冬のころもを作り、時季の食材と組み合わせた和えものをご紹介します。

## 小いもの利久味噌和え

**材料（2人分）**

小いも …… 100g

Ⓐ
- 水 …… 300mℓ
- 塩 …… 2g
- 昆布 …… 5cm角1枚

◎利久味噌
- 玉味噌（➡p.104）…… 30g
- いり白ごま …… 10g

**作り方**

1 小いもは皮をむき、一口大に切る。鍋に入れ、ひたひたの水と米少量（分量外）を加えて火にかけ、ゆでる。竹串がスッと通るくらいになったら冷水に取り、温かいうちに水気をきる。

2 別の鍋にⒶの材料を入れ、1を加えて強火にかける。沸いたら弱火にし、5分ほど煮る。

3 すり鉢に玉味噌といり白ごまを入れて軽くすり、2を汁気をきって加え、ゴムべらで和える。

**Chef's voice**

利久味噌は本来、年中使えるものです。秋なので七味唐辛子でピリ辛にしても。小いもは鮮度がよければ、ゆでるだけでも充分おいしい。時間の経ったものは、味を含ませて使います。さつまいもやかぼちゃでもいいでしょう。

## ふろふき大根

**材料（2人分）**

大根 …… ⅙本

Ⓐ
- 水 …… 300mℓ
- 塩 …… 2g
- 昆布 …… 5cm角1枚

玉味噌（➡p.104）…… 30g

柚子 …… ¼個

柚子は皮を1〜2枚うすくそいで、ごく細いせん切りにして針柚子にし、残りをおろし金でおろしてください。

**作り方**

1 大根は2cm厚さの輪切りにし、皮をむいて米のとぎ汁（分量外）で下ゆでする。

2 鍋にⒶの材料を入れ、1を入れて煮含ませる。

3 別の鍋に玉味噌、おろした柚子の皮、水15mℓ（分量外）を加え、弱めの中火にかけて溶きのばしながら温めて柚子味噌を作る。

4 器に2を盛り、3をかける。針柚子をのせる。

ごま豆腐　葛粉寄せ

ごま豆腐　ゼラチン寄せ


浅鉢／どちらも吉村昌也

伝統的な料理も、
もっと自由な発想があれば、作りやすくなる。

# ごま豆腐 2種

## 葛粉を使わなくてもごま豆腐は作れる

ごま豆腐は、白ごまをすって葛粉を加えて力を入れて練り上げ、冷やし固めて作るもの。こう思っているかた、いらっしゃるでしょう。伝統的なごま豆腐はそうですね。とても高尚な方法に思えますが、昔は固める材料が葛粉しか手に入らなかったから、私はそう考えているんですよ。

今の時代は、もっと自由な発想で作ってみてはいかがでしょう。**“豆腐”はその姿から転じて、白くて四角い形をしたもののこと**を言います。それなら他の凝固作用のあるもの、たとえばゼラチンで固めてもいいですよね。あわせて、便利な一人分ずつの変形もご紹介します。

## 絶対失敗しない、とてもおいしいごま豆腐があります

ごま豆腐は精進料理ですから一般には昆布だしを使いますが、これが味がブレたり旨みが足りない原因だと思っています。**だしを豆乳に替えてみてください**。精進料理として、同じ植物性のもので旨みが何倍も強い豆乳を使えばいいと思うのです。そのままストレートでは濃すぎるので、水で割ります。これだけで、簡単にだし汁が作れます。

ごま豆腐をおいしく食べるには、仕上げにかけるあんが必要です。これはだし汁6：しょうゆ1：みりん1の少し濃いめの味つけで、揚げだし豆腐のつゆの配合と同じです。これ以上薄いと、ごま豆腐に味がのりません。精進料理にする場合はかつお節の旨みが使えないので、八丁味噌の玉味噌（➡p.104）を添えてください。

ごまは、練ってクリーム状になったものを使っています。昔ながらのやり方で、炒りごまを細かくすってだし汁と合わせるよりも簡単で、しかもなめらか。ごまの味も強くて便利です。

### ◆ごま豆腐　ゼラチン寄せ

**材料（12×7cmの流し缶1缶分）**

- 豆乳（無調整タイプ）…… 150mℓ
- 水 …… 100mℓ
- ゼラチン …… 5g
- 練りごま …… 40g
- 塩 …… 1g
- べっこうあん　6：1：1
  - 二番だし（➡p.11）…… 120mℓ ➡6
  - しょうゆ …… 20mℓ ➡1
  - みりん …… 20mℓ ➡1
  - 削り節 …… 2g
  - 水 …… 小さじ1
  - 片栗粉 …… 小さじ1
- わさび …… 適量

**準備**

◉ ゼラチンを同量の水（分量外）でふやかしておく。

### ◆ごま豆腐　葛粉寄せ

**材料（5個分）**

- 豆乳（無調整タイプ）…… 150mℓ
- 水 …… 100mℓ
- 葛粉 …… 25g
- 練りごま …… 40g
- 塩 …… 1g
- べっこうあん　6：1：1
  - 二番だし（➡p.11）…… 120mℓ ➡6
  - しょうゆ …… 20mℓ ➡1
  - みりん …… 20mℓ ➡1
  - 削り節 …… 2g
  - 水 …… 小さじ1
  - 片栗粉 …… 小さじ1
- 青柚子の皮（せん切り）…… 適量

**準備**

◉ 氷水を用意する。

## ごま豆腐 ゼラチン寄せの作り方

### 1 ごま豆腐のベースを混ぜる。

ボウルに練りごまを入れ、泡立て器などで少しほぐし、分量の水を少しずつ加えて溶きのばす。さらに豆乳を混ぜ合わせ、塩で味をととのえる。

### 2 こす。

鍋にざるを重ね、1を入れてこす。ざるに残った練りごまも、ゴムべらなどで残さずこす。

### 3 80℃ぐらいに温める。

2の鍋を弱めの中火にかけ、ゴムべらで混ぜながら、豆乳のとろみがついてきて80℃くらいになるまで温め、火を止める。

### 4 ゼラチンを混ぜ溶かす。

ふやかしておいたゼラチンを加え、よく混ぜてゼラチンを完全に混ぜ溶かす。

ゼラチンは煮すぎると固まる力が弱まります。60℃ほどで溶けるので、火を止めてから加えてよく混ぜ溶かせば大丈夫。

### 5 流し缶に入れて冷やし固める。

流し缶を水でぬらしておき、4を流し入れる。冷蔵庫で冷やし固める。

### 6 べっこうあんのだし汁をとる。

鍋に二番だし、しょうゆ、みりん、削り節を入れて中火にかけ、ひと煮立ちしたらこす。

削り節を加えて追いがつおをするので、旨みが濃くなりすぎないよう、だし汁は二番だしを使います。

### 7 とろみをつけてあんにする。

6の鍋に戻して中火にかけ、軽く沸いたところに分量の水で溶いた片栗粉を加え、全体によく混ぜてとろみをつける。常温で冷ましておく。

### 8 切り分けて盛る。

5を食べやすい大きさに切り分けて器に盛り、7をかける。わさびをのせる。

## ごま豆腐 葛粉寄せの作り方

**1 葛粉と練りごま、水を混ぜる。**

ボウルに葛粉と練りごまを入れ、分量の水を少量ずつ、2～3回加えて溶き混ぜる。

**2 なめらかに溶き混ぜる。**

残りの水を一気に加えて、なめらかになるまでよく混ぜ合わせる。

**3 豆乳を混ぜ合わせる。**

2に豆乳を加え、よく混ぜ合わせる。

**4 ざるでこす。**

鍋にざるを重ね、3を入れてこす。ざるに残った練りごまも、残さずこす。

**5 中火で練り始める。**

4の鍋を中火にかけて木べらで練っていく。鍋底全体をかくようにして練り、鍋肌も焦げる前にかき落とす。

**6 火を弱めて5分練り、味つけ。**

とろみがついて堅くなってきたら、焦げやすいので火を弱め、5分ほど練る。仕上げに塩を加えて味つけし、練り上げる。

**7 ごま豆腐を形作る。**

浅めの茶碗やボウルにラップを敷き、6を60gずつ入れる。

**8 茶巾に絞る。**

ラップの端を持ってねじり、丸くキュッと絞って茶巾に形作る。口を輪ゴムで縛る。

**9 氷水に浸けて固める。**

用意しておいた氷水に手早く浸け、冷やし固める。

p.112に続く

**10 べっこうあんを作って盛る。**

p.110 **6**～**7**と同様にしてべっこうあんを作り、 常温で冷ましておく。**9**の留め口をはさみで切って器に盛り、べっこうあんをかける。青柚子の皮を添える。

## 葛粉で寄せたごま豆腐を冷蔵庫で保存したときは

このごま豆腐は**9**で冷やし固めた状態のまま、冷蔵庫で1週間ほど保存できます。しかし、葛でんぷんは冷蔵庫で長時間おくと、食感が変わります。火が入ってなめらかだったごま豆腐が、ボソボソとしてしまいます。

では、またおいしく食べるにはどうすればいいでしょう。鍋に水とラップに包んだままのごま豆腐を入れて、弱めの中火にかけてください。じわじわと温度を上げれば、湯が沸き立つ頃には中まで火が通って元のなめらかな状態になります。それを冷水でさっと冷やし、器に盛りましょう。

# ごま豆腐を甘味にアレンジ

ごま豆腐を作るときに、塩を砂糖に替えれば上品な和のデザートに。ここでは三角形に切り出しましたが、春なら桜のぬき型で、秋なら紅葉のぬき型で抜いて、季節の形にしてもいいでしょう。

**材料**

「ごま豆腐 ゼラチン寄せ（➡p.109～110）」の、塩1gの代わりに砂糖大さじ2を使って作ったもの …… 適量

◇黒みつ（作りやすい分量。適量を使う）

- 黒砂糖 …… 150g
- 砂糖 …… 130g
- 水 …… 200mℓ
- 水あめ …… 大さじ2
- 酢 …… 大さじ1

**作り方**

**1** 黒みつを作る。黒砂糖を包丁で細かく削り、小鍋に入れ、他の材料も加えて煮溶かし、冷ましておく。

**2** 甘いごま豆腐を流し缶から出し、三角形に切り出す。

**3** **2**を器に盛り、**1**をかける。

第４章

# ご飯と汁

和食の原点であるご飯と汁。

ここでは炊き込みご飯やすし、

おこわなどのバリエーションを習います。

巻頭でご紹介した基本とともに身につければ、

日々の食卓がぐんと豊かになります。

上と中の茶碗／長森 慶（宙）、下の茶碗／木曽志真雄（宙）

具を入れるタイミングを変えるだけで
炊き込みご飯はぐんとおいしくなります。

# 炊き込みご飯3種

## 具をどう食べたいかで決まる3つのタイミング

具を一緒に炊き込んだご飯は、汁と簡単な副菜があれば献立になる便利な一品。最初にお米と炊き地と具を全部入れて炊き始めるのが一般的ですね。「豚肉とさつまいもの炊き込みご飯」(➡p.14)でもお伝えしましたが、**具によって加えるタイミングを変えるだけで、お米も具もぐんと味わい深く食べられること、知っていましたか？**

タイミングは大きく3つ。長く加熱することでおいしくなる具は最初から。火を入れすぎたくないけど加熱はしたい具は途中で。火を入れなくてもいい具やフレッシュ感を残したい具は炊き上がりに。今回は、最初から入れるタイプには堅くて火の通りにくい炒り大豆を、途中で加えるタイプには鯛の切り身を、仕上げに加えるタイプにはちりめんじゃこを使っています。炊飯器の中には途中で蓋を開けられない仕組みのものもありますが、たいてい大丈夫。試してみてください。

## ご飯をおいしく食べるのにだし汁は不要

皆さん、白いご飯をおいしく炊きたいときに、だし汁を使いますか？　使いませんね。ご飯の味を純粋に楽しみたいからです。それならどうして、炊き込みご飯にだし汁を使うんでしょう。私は使いません。水と味を補うための調味料だけ。それで充分。むしろ米の旨みと具の風味が伝わっておいしいと思います。

それだけに、具の味がストレートに伝わりますから、**下ごしらえは忘れずに行ってください**。たとえば鯛なら塩をして余分な臭みを取って下味をつける、豚肉を加えるならさっと湯に通してあくを落としておく。根菜や鶏肉で五目にするときもさっと湯に通しておく。ここでは土鍋で炊く方法をご紹介していますが、炊飯器でも簡単に炊けますから、下ごしらえはきちんとしましょう。

### ◆炒り大豆ご飯

**材料（2〜3人分）**

米 …… 2合（360mℓ）

炊き地　10：1：1
- 水 …… 300mℓ ➡10
- 薄口しょうゆ …… 30mℓ ➡1
- 酒 …… 30mℓ ➡1

大豆 …… 100g
あさつき …… 30g

**準備**

- 大豆はフライパンに入れて弱めの中火にかけ、転がして軽く焼き目がつくまでから炒りする。
- あさつきは小口切りにし、洗って水気を拭く。

### ◆鯛めし

**材料（2〜3人分）**

米 …… 2合（360mℓ）

炊き地　10：1：1
- 水 …… 300mℓ ➡10
- 薄口しょうゆ …… 30mℓ ➡1
- 酒 …… 30mℓ ➡1

鯛の切り身 …… 7切れ（80g）
塩 …… 少量
三つ葉（3cm長さに切る）…… 5本分

### ◆じゃこご飯

**材料（2〜3人分）**

米 …… 2合（360mℓ）

炊き地　10：1：1
- 水 …… 300mℓ ➡10
- 薄口しょうゆ …… 30mℓ ➡1
- 酒 …… 30mℓ ➡1

ちりめんじゃこ …… 40g
大葉（せん切り）…… 6枚分

炊き込みご飯3種の作り方

**最初に加える**

# 炒り大豆ご飯

**1 米を洗って浸水させ、炊き始める。**

米はやさしく洗い、水を替える。これを4～5回くり返し、たっぷりの水（分量外）に15分浸け、ざるに上げて15分おく。土鍋に米、炊き地の材料、あらかじめフライパンで炒った大豆を入れる。

**2 火加減を調整し、20分以上炊く。**

蓋をして強めの中火にかけ、沸いたら火を弱めて沸き立つ状態でだいたい7分炊く。火を弱めて米肌が見えるまで7分、ごく弱火にして5分炊く。火を止めて5分蒸らす。

**途中で加える**

# 鯛めし

**1 米を浸水させて炊く。**

米はやさしく洗い、水を替える。これを4～5回くり返し、たっぷりの水（分量外）に15分浸け、ざるに上げて15分おく。土鍋に米、炊き地の材料を入れて蓋をし、強めの中火にかける。沸いたら火を弱めて沸き立つ状態でだいたい7分、火を弱めて7分、米肌が見える状態まで炊く。

**2 鯛に塩をふる。**

バットに塩をふり、鯛の切り身をのせて上からも塩をふり、20分おく。さっと水洗いをして水気を拭き取る。

**炊き上がりに加える**

# じゃこご飯

**1 米を浸水させて20分以上炊く。**

米はやさしく洗い、水を替える。これを4～5回くり返し、たっぷりの水（分量外）に15分浸け、ざるに上げて15分おく。土鍋に米、炊き地の材料を入れて強めの中火にかけ、沸いたら火を弱めて沸き立つ状態でだいたい7分炊く。火を弱めて米肌が見えるまで7分、ごく弱火にして5分炊く。

**2 ちりめんじゃこをのせて蒸らす。**

蓋を開けてちりめんじゃこを全体に広げ、蓋をして5分蒸らす。

乾いていたちりめんじゃこが、蒸らすことでふっくらしますよ。

**3 全体を混ぜる。**

蓋を開けて全体を混ぜほぐし、あさつきも混ぜ合わせて茶碗に盛る。

**3 米肌が見えたら鯛をのせる。**

❶の米肌が見えたら❷の鯛を重ならないように全体に広げてのせ、蓋をしてごく弱火にし、5分炊く。

**4 三つ葉をのせて蒸らす。**

火を止めて、そのまま5分蒸らす。途中、三つ葉を全体に散らす。蒸らし終わったら飾り用に鯛を人数分取り出し、全体をほぐし、茶碗に盛る。鯛をのせる。

炊き上がっても蓋は取らずに蒸らしてください。

## Chef's voice

鯛は鮮度があまりよくないようなら、塩をして焼いてから同じタイミングで入れるといいですよ。塩鮭なら焼いて炊き上がりのタイミングで加えて、よく混ぜほぐしてください。混ぜるときは、蒸気の勢いのあるうちに。冷めてから混ぜるといい香りが移らず、具とお米の一体感があまりなくなります。

**3 仕上げに大葉をのせる。**

仕上げに大葉をのせる。

**4 天地を返すように混ぜる。**

しゃもじで底から混ぜ、全体にふんわりと空気を入れて具を行きわたらせる。

もち米を蒸したものが「おこわ」。
滋味豊かで、冷めても堅くならない方法を教えます。

# 五目おこわ2種

 鉢／平野寅和（宙）

## 蒸して作るのが基本、でも炊飯器でも大丈夫

普通のお米（うるち米）は炊くもの、もち米は蒸すもの。ご存知でしたか？　その蒸したもち米を強飯《こわめし》、つまりおこわと呼びます。もち米のでんぷんは普通のお米（うるち米）のでんぷんと違って水分を含みやすく、**水分を加えて炊くとベチャベチャになり、全体が固まるので、蒸して、蒸気で加熱する**のです。ただし蒸す前にもち米に充分水を含ませる必要があり、一晩くらい浸水させます。蒸す途中も少し水分を含ませるとおいしくなるので、私は塩水で打ち水（水をふりかけること）をします。これで味がのり、適度に柔らかくなり、冷めても堅くならないのです。

五目おこわのように味のついたおこわを作るときは、塩水代わりに具の煮汁を混ぜ合わせます。そして仕上げに再び蒸す。そうすると、もち米1粒1粒の間にふわっと蒸気が通って、味もなじみます。

簡単に作るなら炊飯器で炊くこともできます。ただしうるち米を炊くときよりも水分を少なめにし、ベチャッと炊き上がらないようにします。浸水時間は、うるち米と同じく15分で充分です。

## “蒸す”、“炊く”で味の感じ方が違う

今回は、同じ具の五目おこわでも、基本の蒸す方法と簡単な炊く方法、この2つタイプを一緒にご紹介します。炊き方以外の大きな違いは、味つけ。**蒸すときは味がのらないので、濃い味つけにしています**。炊き上がりの食感は、蒸すタイプのほうがほぐれて、米粒が感じられます。

五目でなくても、具の組み合わせを鶏肉と根菜にしておかず風にしたり、作りおいたきんぴらごぼうを混ぜたり、バリエーションはさまざま。混ぜご飯、と考えると楽ですね。

なお、具に使ったささがきごぼうは、白く煮上げるわけではないので、酢水に浸ける必要はありません。水でさっと洗うだけ。水にさらしすぎるとむしろ、ごぼうの香りが失われます。

本来は5種類の具を使う料理を“五目”と表現します。ここでは鶏肉を入れて6種類の具を使っていますが、言葉として美しいので使っています。

### ◆五目蒸しおこわ

**材料（作りやすい分量）**

もち米 …… 3合（540mℓ）

◎煮汁

- 水 …… 100mℓ
- 酒 …… 100mℓ
- 昆布 …… 2g
- 薄口しょうゆ …… 50mℓ

鶏もも肉 …… 150g
生しいたけ …… 30g
ごぼう …… 30g
にんじん …… 30g
ゆでたけのこ …… 50g
長ねぎの青い部分 …… 適量
三つ葉の軸（さっとゆでる）…… 適量
黒こしょう …… 適量

### ◆五目炊きおこわ

**材料（作りやすい分量）**

もち米 …… 3合（540mℓ）

◎炊き地

- 水 …… 400mℓ
- 薄口しょうゆ …… 50mℓ

鶏もも肉 …… 150g
生しいたけ …… 30g
ごぼう …… 30g
にんじん …… 30g
ゆでたけのこ …… 50g
絹さや（さっとゆでて細切り）…… 5枚分

## 五目蒸しおこわの作り方

### 1 もち米を洗い、浸水させる。

もち米は洗って、たっぷりの水（分量外）に一晩浸水させる。

### 2 水気をきり、蒸し器と具の準備。

1のもち米をざるに上げ、しっかり水気をきる。蒸し器に水を張って、蒸気が出る状態にする。鶏肉を一口大に切る。にんじんとゆでたけのこは細切りにする。生しいたけは軸を切って薄切りにする。ごぼうはささがきにして水で洗い、水気をきる。

### 3 ごぼう以外の具を湯通しする。

鍋に湯を沸かし、にんじん、ゆでたけのこ、生しいたけ、鶏肉をざるに入れ、菜箸でほぐしながら10秒ほど湯にくぐらせる。水気をきる。

ごぼうは香りを逃がしたくないので、湯通ししません。

### 4 具を煮て冷ます。

鍋に3と2のごぼう、煮汁の材料、香りづけの長ねぎも入れて強火にかけ、沸いたら火を弱めて5分ほど煮る。長ねぎを取り除き、黒こしょうをふり、火を止めてそのまま冷ます。

煮すぎない。鶏肉が堅くなります。

### 5 もち米を蒸す。

穴あきバットまたはざるにガーゼを敷き、2のもち米を全体に広げ、手で溝を作る。蒸気のよく立った蒸し器に入れる。

溝を作ることで、蒸気が通りやすくなります。

### 6 八割火が通ったら取り出す。

強火で20～30分蒸し、完全に蒸し上がる手前、八割がた火が通ったらいったん取り出す。途中、蒸し器の水がなくなってきたら、熱湯を足す。

### 7 具を煮汁ごともち米に加える。

6のもち米をボウルに移す。4の具材を煮汁ごと加える。

### 8 よく混ぜ合わせる。

しゃもじでよく混ぜ合わせる。この時点では、ベチャッとした状態でよい。

煮汁が少し塩辛いかな、と思うかもしれませんが、蒸しおこわの場合はそのぐらいでちょうどよい味つけになります。薄いとぼんやりした味になりますよ。

### 9 再び蒸して仕上げる。

穴あきバットまたはざるにガーゼを敷きなおし、8を汁ごと入れて全体に広げる。しゃもじで蒸気が通りやすいように溝を作り、蒸し器に入れ、再び強火で10分蒸す。茶碗に盛り、三つ葉の軸を散らし、お好みで黒こしょうをふる。

## 五目炊きおこわの作り方

### 1 もち米を浸水させ、具を用意。

もち米は洗ってたっぷりの水（分量外）に15分浸け、ざるに上げて15分おく。鶏肉を一口大に切る。にんじんとゆでたけのこは細切りにする。生しいたけは軸を切って薄切りにする。ごぼうはささがきにし、水で洗って水気をきる。

### 2 ごぼう以外の具を湯通しする。

鍋に湯を沸かし、にんじん、ゆでたけのこ、生しいたけ、鶏肉をざるに入れ、菜箸でほぐしながら10秒ほど湯にくぐらせる。水気をきる。

ごぼうは香りを逃がしたくないので、湯通ししません。

### 3 炊飯器にセットする。

炊飯器の内釜に1のもち米と2の具材、炊き地を入れる。

### 4 ごぼうを混ぜて炊く。

3にごぼうものせて軽く混ぜ、早炊きモードで炊く。炊き上がったら蓋を開けずにそのまま10分蒸らす。

米は浸水ずみなので、必ず早炊きモードで炊いてください。

### 5 混ぜほぐす。

しゃもじで全体に混ぜほぐす。茶碗に盛り、絹さやを散らす。

### Chef's voice

炊きおこわは、そのまま炊飯器に入れておくと、余熱でさらに食感が柔らかくなります。すぐに食べないときは大きめのバットに移して広げ、余分な水分を飛ばし、冷ましておくといいでしょう。おこわは冷めてもおいしいですし、電子レンジで温めてもいいでしょう。

## ごぼうのささがきの方法

炊き込みご飯や煮ものなどに使うささがきの基本を覚えましょう。

1 泥をよく洗い落としたごぼうの表面に、縦に切り目を入れる。ごぼうを回しながら、1周ぶん切り目を入れる。

2 ごぼうの先をまな板につけ、ねかせる。包丁は刃を外向きにし、えんぴつを削るようにして、ごぼうを回しながら細くそぐ。

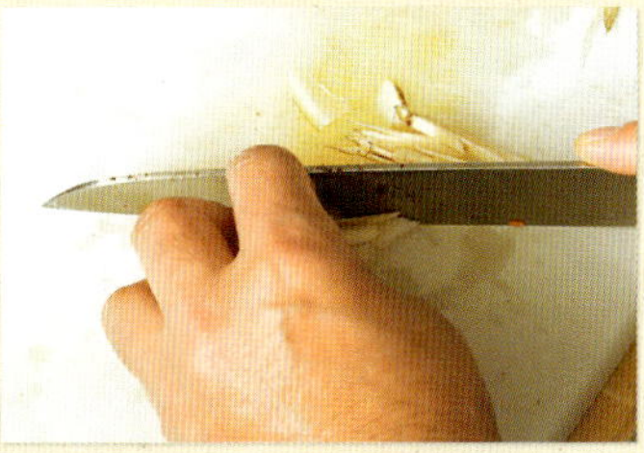

3 残り少なくなってそげなくなったら、縦に置いて薄切りにし、重ねて細切りにする。白く仕上げたい場合は、酢水にさらす。

薬味を混ぜるだけで、
ワンランクアップのすし飯に。

# ちらしずし

**材料（作りやすい分量）**

米 …… 2合（360mℓ）
水 …… 360mℓ

◆すし酢（作りやすい分量。70mℓを使う）
- 酢 …… 180mℓ
- 砂糖 …… 120g
- 塩 …… 50g

◆薬味
- しょうが（みじん切り） …… 1かけ分
- 大葉（みじん切り） …… 10枚分
- いりごま …… 大さじ2

まぐろ（赤身） …… 100g

◆づけだれ 2.5：1
- しょうゆ …… 25mℓ →2.5
- みりん …… 10mℓ →1

いくら …… 10g
錦糸玉子 …… 薄焼き玉子1枚分
海老 …… 2尾
酒 …… 10mℓ
三つ葉 …… 1束
焼きのり …… 適量

**準備**

- 錦糸玉子は薄焼き玉子を4cm長さのせん切りにする。
- 海老は包丁で細かく叩く。小さい鍋に海老と酒を入れ、中火にかけて箸でほぐしながら炒る。赤くなり酒がなくなったらざるに上げて汁気をきる。
- 三つ葉はさっとゆで、3cm長さに切る。

ご家庭でおすしを作るとき、いくつか誤解があるように感じています。たとえば「ご飯は堅めに炊く」。これは寿司屋のにぎりずしの話。**本当はすしはご飯が柔らかめのほうがおいしい**のですが、にぎりにくかったりつまみにくいから、堅めに炊くわけです。ちらしずしならお箸で食べるので、普通のご飯を炊くのと同じ水加減でかまいません。

次に「うちわであおぎながらすし酢を混ぜる」。昔のように米1升分を作るならその通りです。でも2〜3合分なら、そんな必要はありません。飯台やボウルに取り出さなくても、ご飯が炊けたらそのまま炊飯器の内釜で混ぜればいい。むしろご飯があつあつだから、すし酢を吸いやすくなります。こう考えると、ずいぶんと簡単になって、作ってみたくなるでしょう。昔のやり方にとらわれた無駄なことはしなくていいんです。

ここでご紹介するのは、すし飯に薬味を混ぜた“薬味ずし”。この薬味もすし酢と一緒に混ぜ込みます。こうすると、**薬味の香りと旨みがすし飯全体に行きわたって、風味豊かになります**。今回はまぐろやいくらをのせたおもてなし風ですが、どんな具をのせても、ワンランクアップします。

### 1 米を浸水させ、炊飯器で炊く。

米は洗ってたっぷりの水（分量外）に15分浸け、ざるに上げて15分おく。炊飯器に米と分量の水を入れ、早炊きモードで炊く。

米は浸水ずみなので、必ず早炊きモードで炊いてください。

### 2 すし酢を作る。

ボウルにすし酢の材料をすべて入れ、よく混ぜて溶かす。とくに塩が溶けにくいので注意。

作りおきしておくと便利。自然に塩が溶けます。

### 3 ご飯にすし酢をかける。

1が炊き上がったら2を70mℓ回しかける。

### 4 薬味を混ぜる。

続いて薬味をすべて入れ、しゃもじで切るようにして全体を混ぜる。

混ぜすぎない。混ぜすぎるから食感が悪くなります。

### 5 薬味ずしの水分を飛ばす。

ボウルに4を移し、しゃもじで広げ、余分な水分を飛ばす。ぬれ布巾をかぶせ、乾かないようにする。

薬味の緑色が酢で変色しますが、気にしなくてかまいません。

### 6 具を用意する。

小鍋にみりんを入れて火にかけ、煮きる。しょうゆと合わせて冷まし、づけだれを作る。まぐろを湯にさっとくぐらせて水気をきり、一口大に切る。づけだれに10～15分つけ、ざるに上げて汁気をきる。

づけはつけすぎるとまぐろの風合いがなくなります。最長15分で充分です。

### 7 盛りつける。

器に5を盛り、6、いくら、錦糸玉子、海老の酒炒りを彩りよくのせ、のりをちぎって散らす。三つ葉も散らす。

おすしは、ご飯が少し冷めたぐらいの温かさが一番おいしい。この作りたての風合いは、家庭でしか味わえません。

## Chef's voice

ここでご紹介したすし酢の分量は300g強。お米1升分、つまり10合分です。1合につき35mℓ、だいたい大さじ2強を使えばちょうどよい味つけになります。すし酢は作りおきができ、むしろまとめて作っておくと溶けにくい塩が完全に溶けます。これがあれば、思い立ったらすぐにおすしが作れます。

はまぐりも、つゆもおいしい汁もの。

# はまぐりの潮汁

潮汁《うしおじる》というのは、魚介を水で煮てだしをとりながら、それ自体も具にして、塩味で楽しむ汁もののこと。はまぐりなどの貝類や鯛などの淡白な白身魚を使って上品な旨みを味わいます。

汁ものですから、つゆのおいしさを味わうのはもちろん、**魚介そのものも最高の状態で食べたい**。はまぐりの身は火が入りすぎると堅くなりやすく、旨みもつゆに出すぎてしまいます。そこで水から火にかけて、**低温から徐々に温度を上げていって**、身の外と中にほぼ同時に火が通るようにします。はまぐりの旨みを第一に味わいたいので、味つけは塩と酒だけ。しょうゆの香りは必要ありません。

なお、はまぐりは貝合わせにも使われることから、この料理は3月、雛の節句に欠かせません。早春ともなれば、貝のおいしい時季です。ぜひ作って節句をお祝いしてください。

### 材料（4人分）

**吸い地**

- 水 …… 500mℓ
- 酒 …… 10mℓ
- 塩 …… 2g
- 昆布 …… 5cm角1枚

はまぐり …… 250g
わかめ（もどしたもの）…… 20g
長ねぎ（白髪ねぎ用）…… 4cmを2本
うど …… 5cm
ぼうふう …… 2本
黒こしょう …… 適量

### 準備

- わかめはざく切りにする。
- 長ねぎで白髪ねぎを作っておく。縦に切り目を入れて開き、外側の白い部分をまな板に広げ、繊維に沿って縦に細切りにし、水に放つ。
- うどは短冊切りにする。

## 1 はまぐりの状態を確認。

はまぐり同士を軽く叩き、音にハリのないものはよける。高音のハリのある音がするなら大丈夫。

はまぐりが死んでいると音がスカスカでハリがありません。

## 2 はまぐりの砂抜きをする。

はまぐりは塩分濃度1.5～2％の塩水（分量外。水1ℓに塩15～20g）に浸け、蓋をして暗くし、静かなところに30分ほどおいて砂抜きする。

## 3 さらに塩抜きをする。

はまぐりをさっと洗って、真水に2～3分ほど浸ける。

砂抜きはしても、そのあとに塩抜きをしないかたが多いですね。吸いものが塩辛くなるので、忘れずに。

## 4 水から中火にかける。

鍋にはまぐり、分量の水、昆布を入れ、中火にかけてひと煮立ちさせる。

## 5 アクを取る。

はまぐりの口が開いたら、上に浮いたアクを取り除く。

## 6 煮上がり。はまぐりを引き上げる。

すぐに火を止めて煮上がり。はまぐりと昆布は引き上げて、煮続けないようにする。

貝はとくに堅くなりやすいので、火が入りすぎないようにしましょう。

## 7 わかめを加える。

6にわかめを加え、温めながら味をなじませる。

## 8 味をととのえる。

酒と塩で味をととのえる。椀にはまぐりとわかめを盛り、熱い吸い地を張る。白髪ねぎ、ぼうふう、うどを添え、仕上げにお好みで黒こしょうをふる。

具沢山の“沢”煮。背脂のコクが旨み。

# 沢煮椀

根菜ときのこ、豚の背脂を一緒に水で煮てふくよかな旨みを移し、しょうゆで味をつけるだけ。沢煮《さわに》は沢山《たくさん》の具を煮た椀もの、ということからこの名がついているので、ぜひたっぷりと具を盛ってください。昭和初期に考えられてブームになった、少し西洋的な味わいの和食です。

**材料（作りやすい分量）**

◇吸い地
- 水 …… 400㎖
- 薄口しょうゆ …… 大さじ1弱

ごぼう …… 20g
ゆでたけのこ …… 20g
うど …… 20g
にんじん …… 10g
長ねぎ …… 10g
三つ葉 …… 10g
生しいたけ …… 10g
豚の背脂 …… 20g
黒こしょう …… 適量

**1** ごぼう、ゆでたけのこ、にんじんは4㎝長さのせん切りにする。うど、長ねぎは4㎝長さの細切りにし、三つ葉はざく切りにする。生しいたけは軸を取って厚みを半分に切って、せん切りにする。

**2** 豚の背脂は4㎝長さの細切りにし、塩（分量外）をまぶし、15分おく。

豚の背脂に塩をまぶしておかないと、煮たときに溶けてしまいます。

**3** 鍋に湯を沸かし、ざるにごぼう、たけのこ、にんじん、生しいたけを入れて、箸でほぐしながら20秒ほど湯に通して引き上げる。続いて背脂もざるに入れて湯に通し、水気をきる。

**4** 別の鍋に**3**と水を入れて中火にかけ、ごぼうが柔らかくなるまで煮る。薄口しょうゆで味をととのえ、うどと長ねぎを加えてひと煮立ちさせる。仕上げに三つ葉を加え、椀に盛る。お好みで黒こしょうをふる。

# うどんとそば、つゆの濃さが違うのはなぜ？

うどんのつゆは薄くて、そばのつゆは濃い。これは皆さんご存知ですね。私のレシピでもつゆの配合は、うどんがだし汁20：しょうゆ1：酒0.5、そばはだし汁15：しょうゆ1：みりん0.5。この理由を、うどん文化の関西は薄味で、そば文化の関東は濃口だから、と言われますが、実は違うんです。うどんには麺自体に塩分が含まれていて、そばには含まれていない。麺とつゆをトータルで考えたら、ほぼ同じ塩分なんですよ。

だし汁の材料も違います。うどんには煮干しだしが合う。そばは昆布とかつおのだし、できるだけ旨みのあるものがよいので、一番だしを使います。本当はグツグツ煮出したような“上品ではない”だしがいい。強いしょうゆに負けない旨みの強さが必要だからです。

## 油揚げとねぎのうどん

**材料（1人分）**

うどん（冷凍）……1玉
油揚げ……½枚
長ねぎ……¼本

**つゆ** 20：1：0.5

- 煮干しだし（➡p.11）……300mℓ➡20
- 薄口しょうゆ……15mℓ➡1
- 酒……8mℓ➡0.5

**作り方**

1 油揚げを湯に通して油抜きし、水気をきって半分に切る。長ねぎは斜めに切る。

2 少し大きめの鍋につゆの材料、1、冷凍うどんを加えて強火にかける。沸いたら火を弱め、5分ほど煮て味をしみ込ませ、器に盛る。

## 三つ葉とわかめのそば

**材料（1人分）**

そば（乾麺）……1束
三つ葉……5本
わかめ（もどしたもの）……15g
ねぎ……5cmを2本

**つゆ** 15：1：0.5

- 一番だし（➡p.11）……300mℓ➡15
- 薄口しょうゆ……20mℓ➡1
- みりん……10mℓ➡0.5

柚子の皮……適量

**作り方**

1 鍋に湯を沸かしてそばをゆで、ざるに上げて水気をきる。

2 三つ葉は5本を束にして結び、わかめは4cm長さに切る。ねぎは表面に斜めに切り目を入れる。

3 別の鍋につゆの材料とねぎを入れて強火にかけ、沸いたら火を弱めて1を加える。2分ほど煮てわかめを加え、温まったら器に盛る。2の三つ葉と柚子の皮を添える。

## 野﨑洋光 （のざき・ひろみつ）

東京・南麻布の日本料理店「分《わけ》とく山」総料理長。1953年福島県古殿町生まれ。武蔵野栄養専門学校を卒業。栄養士でもあり、従来の考え方にとらわれない今の時代に合った料理哲学をやわらかな語り口で、分かりやすく説く稀有な料理人。常に家庭料理の大切さ、家庭でしか作れないおいしさを唱えている。『野﨑洋光 和のおかず決定版』(小社刊)、『日本料理 前菜と組肴』(柴田書店）など、著書も多数。

分とく山　東京都港区南麻布5-1-5　電話／03-5789-3838



撮影 ■ 三木麻奈

デザイン ■ 河内沙耶花（mogmog Inc.）

スタイリング ■ 岡田万喜代

校正 ■ 株式会社円水社

編集協力 ■ 森山弥生

編集 ■ 原田敬子

［器協力］
宙（そら）
東京都目黒区碑文谷5-5-6
☎03-3791-4334

一流シェフのお料理レッスン
「分とく山」野﨑洋光のおいしい理由。
和食のきほん、
完全レシピ

発行日　2016年3月25日　初版第1刷発行
　　　　2022年10月15日　　第6刷発行

著者　野﨑洋光
発行者　竹間 勉
発行　株式会社世界文化ブックス
発行・発売　株式会社世界文化社
〒102-8195 東京都千代田区九段北4-2-29
電話　03-3262-5118（編集部）
　　　03-3262-5115（販売部）
印刷・製本　共同印刷株式会社




ISBN 978-4-418-16307-6